曾国藩选集

曾刻
孟子要略 译注

【宋】朱熹　原编　　【清】刘传莹　复辑

【清】曾国藩　复刻

王海燕　王丽娟　编注

吉林出版集团股份有限公司 | 全国百佳图书出版单位

图书在版编目（CIP）数据

曾刻孟子要略译注 /（宋）朱熹原编 ;（清）刘传莹复辑 ;（清）曾国藩复刻 ; 王海燕，王丽娟编注 .
长春 : 吉林出版集团股份有限公司，2024. 8. --（曾国藩选集）. -- ISBN 978-7-5731-5611-2

Ⅰ . B222.55

中国国家版本馆 CIP 数据核字第 20240JH202 号

亚圣孟子像

朱熹像

曾国藩像

王海燕 绘

刘传莹子夜校书图

目　录

曾国藩序

　　凡孟子书二百六十章，朱子采入要略（本书）者，八十五章。其不入者，曰孟子见梁惠王王立于沼上章，寡人之于国章，寡人愿安承教章，晋国天下莫强焉章，孟子见梁襄王章，庄暴见孟子曰章，文王之囿章，交邻国有道乎章，齐宣王见孟子于雪宫章，人皆谓我毁明堂章，王之臣有托其妻子章，所谓故国者章，汤放桀、武王伐纣章，为巨室章，齐人伐燕胜之章，齐人伐燕取之章，邹与鲁哄章，滕小国也章，滕小国也竭力以事大国章（以上梁惠王篇），曰仁则荣章，尊贤使能章，伯夷非其君不事章，天时不如地利章，孟子将朝王章，前日于齐王馈兼金一百而不受章，孟子之平陆章，孟子谓蚔鼃曰章，孟子为卿于齐章，孟子自齐葬于鲁章，沈同以其私问曰章，燕人畔章，孟子致为臣而归章，孟子去齐宿于昼章，孟子去齐尹士语人曰章，孟子去齐居休章（以上公孙丑篇），曰滕定公薨章，滕文公问为国章，有为神农之言者章，墨者夷之章，周霄问曰章，彭更问曰后车数十乘章，宋小国也今将行王政章，孟子谓戴不胜曰章，不见诸侯何义章，戴盈之曰章，陈仲子章（以上滕文公篇），曰三代之得天下也章，人有恒言章，天下有道小德役大德章，桀、纣之失天下也章，居下位而不获于上章，伯夷辟纣章，求也为季氏宰章，存乎人者章，恭者不侮人章，男女授受不亲章，君子之不教子章，有不虞之誉章，人之易其言也章，人之患章，乐正子从于子敖之齐章，子之从于子敖来章，不孝有三章，舜生于诸冯章，子产听郑国之政章，君之视臣如手足章，无罪而杀士章，君仁莫不仁章，非礼之礼章，中也养不中章，言人之不善章，言不必信章，养生者章，博学而详说之章，以善服人者章，言无实不祥章，徐子曰章，王者之迹熄章，君子之泽章，可以取章，逢蒙学射于羿章，西子蒙不洁章，天下之言性也章，公行子章，匡章通国皆称不孝焉章，曾子居武城章，储子曰章，齐人有一妻一妾章（以上离娄篇），曰语云盛德之士章，尧以天下与舜章，人有言至于禹而德衰章，百里奚自鬻于秦章，周室班爵禄也章，敢问友章，敢问交际何心也章，士之不托诸侯章，敢问不见诸侯章，孟子谓万章曰一乡之善士章，齐宣王问卿章（以上万章篇），曰性犹杞柳也章，生之谓性章，何以谓义内也章，羿之教人射章，任人有问屋庐子曰章，《小弁》小人之诗也章，孟子居邹章，先名实者章，五霸者章，鲁欲使慎子为将军章，今之事君者章，吾欲二十而取一章，丹之治水也章，君子不亮章，鲁欲使乐正子为政章，古之君子如何则仕章，教亦多术矣章（以上告子篇），曰行之而不著焉章，耻之于人大矣章，古之贤王章，孟子谓宋句践曰章，待文王而后兴者章，附之以韩魏之家章，以佚道使民章，霸者之民章，仁言不如仁声章，舜之居深山之中章，人之有德慧术知者章，有事君人者章，伯夷辟纣章，易其田畴章，孔子登东山章，杨子取为我章，柳下惠不以三公易其介章，有为者譬若掘井章，伊尹曰予不狎于不顺章，《诗》曰不素餐兮章，仲子不养章，孟子自范之齐章，食而弗爱章，齐宣王欲短丧章，君子之所以教者五章，道则高矣、美矣章，天下有道章，滕更之在门也章，知者无不知也章，不仁哉梁惠王也章，《春秋》无义战章，尽信《书》章，有人曰我善为陈章，梓匠轮舆章，舜之饭糗茹草也章，吾今而后知杀人亲之重章，古之为关也章，身不行道章，周于利者章，好名之人章，不信仁贤章，不仁而得国者章，民为贵章，仁也者人也章，孔子之去鲁曰章，君子之厄于陈蔡之间章，貉稽曰章，贤者以其昭昭章，山径之蹊间章，禹之声章，齐饥陈臻曰章，逃墨必归于杨章，有布缕之征章，诸侯之宝三章，盆成括仕于齐章，孟子之滕馆于上宫章，曾皙嗜羊枣章，由尧舜至于汤章（以上尽心篇），都一百七十五章。

孟子之书，自汉唐以来，不列于学官。陆氏《经典释文》亦不之及，而司马光、晁说之之论，更相疑诋。至二程子始表章之，而朱子遂定为"四书"。既荟萃诸家之说为《孟子精义》，又采其尤者为《集注》七卷。又剖析异同为《或问》十四卷。用力亦已勤矣。而兹又简择为《要略》五卷。好之如此，其笃也。盖深造自得，则夫泳于心，而味于口者。左右而逢其原，参伍错综，而各具条理。虽以国藩之蒙陋，读之亦但见其首尾完具，而不复知衡决颠倒之为病。则其梨然而当于人人之心可知已。国藩既承亡友刘君遗令为之排定付刻，因颇仿《近思录》之例，疏明分卷之大指，俾读者一览而得焉。大贤之旨趣，诚知非末学所可幸中，独未知于吾亡友之意合邪，否邪？死者不可复生，徒使予茫然四顾而伤心也夫。

曾国藩又识：朱子所编《孟子要略》，自来志艺文其皆不著于录。朱氏《经义考》亦称未见。宝应王白田氏为《朱子年谱》，谓此书久亡佚矣。吾亡友汉阳刘椒云传莹始于金仁山《孟子集注考证》内搜出，复还此书之旧。王氏勤一生以治朱子之业，号为精核无伦。而不知《要略》一书具载金氏书中。即四库馆中诸臣，于金氏《集注考证》为提要数百言，亦未尝道及此书。盖耳目所及，百密而不免一疏，事之常也。观金氏所记，则朱子当日编辑《要略》别为注解，与《集注》间有异同（金氏于"人皆有所不忍章"云：《要略》注尚是旧说。"桃应问曰章"云：《要略》注文微不同。）今散失既久，不可复睹，椒云仅能排比次第，属国藩校刻，以显于世，抑犹未完之本与。然如许叔重《五经异义》余隐文《尊孟辨》之类，皆湮晦数百年矣。一旦于他书中刺取，掇零拾坠，遂复故物，则此书之出，安知不更有人焉搜得原注，以补今日之缺乎？天下甚大，来者无穷，必有能笃耆朱子之书，网罗以弥怀恨者，是吾椒云地下之灵，祷祀以求之者也。

道光二十九年四月　湘乡曾国藩叙

朱子语类五则

叶贺孙[①]论读《孟子》

先生因编《孟子要旨（要略）》云："孟子若读得无统，也是费力。某从十七八岁，读至二十岁，只逐句去理会，更不通透。二十岁以后，方知不可恁地读，原来许多长段，都自首尾相照管，脉络相贯串，只恁地熟读，自见得意思。从此看孟子觉得意思极通快，亦因悟作文之法，如孟子当时固不是要作文，只言语说出来，首尾相应，脉络相贯，自是合着如此。"又曰："某当初读'自暴自弃'章，只恁地鹘突读去。伊川《易传》云'拒之以不信，绝之以不为'，当初也匹似闲看过，后因在舟中偶思量此，将《孟子》上下文看，乃始通串。方始说得是如此，亦温故知新之意。"又曰："看文字，不可恁地看过便道了，须是时复玩味。庶几忽然感悟，到得义理与

---

① 叶贺孙，字味道，括苍人士，居永嘉。为朱子后时代的学者，曾整理过《孟子要略》一书。

践履处融会，方是自得。这个意思，与寻常思索而得，意思不同。"

问："孟子首章，是先剖判个天理人欲，令人晓得。其托始之意甚明。若先生所编《要略》，却是要从源头说来，所以不同。"

曰："某向时编此书，今看来亦不必。只《孟子》便直恁分晓示人，自是好了。"

时举曰："孟子前面多是分明说与时君。且如章首说'上下交征利'其害便至于'不夺不餍'。说仁义，便云：'未有遗其亲，后其君。'次章说：'贤者便有此乐，不贤者便不能有此乐。'都是一反一正，言其效验如此。亦欲人君少知恐惧之意耳。"

曰："也不是要人君知恐惧，但其效自必至此。孟子之书，明白亲切，无甚可疑者。只要日日熟读，须教他在吾肚中转作千百回，便自然纯熟。某当初看时，要逐句去看它，便但觉得意思促迫；到后来放宽看，却有条理。然此书不特是义理精明，又且是甚次第底文章。某因熟读后，便见自此也，知作文之法。"

敬之问："看《要略》见先生所说孟子，皆归之仁义。如说'性、反'，以后诸处皆然。"

曰："是他见得这道理通透，见得里面本来都无别物事，只有个仁义。到得说将出，都离这个不得。不是要安排如此，道也是离这仁义不得。舍仁义不足以见道，如造化是这个阴阳，舍阴阳不足以明造化。"

问："古人似各有所主，如曾子只守个忠恕，子思只守个诚，孟子只守个仁义，其实皆一理也。"

曰："也不是他安排要如此，是他见得道理做出都是这个，说出也只是这个。只各就地头说，不是把定这个将来做。如尧舜是多少道理！到得后来衣钵之传，只说'人心惟危，道心惟微，惟精惟一，允执厥中'。紧要在上三句，说会如此，方得个'中'，方得个恰好。这也到这地头当说'中'，便说个'中'。圣贤言语，初不是着意安排，只遇着这字，便说出这字也。"

因整《要略》谓："孟子发明许多道理都尽，自此外更无别法。思惟这个，先从性看，看得这个物事破了，然后看入里面去，终不甚费力。要知虽有此数十条，是古人已说过，不得不与他理会。到得做功夫时，却不用得许多。难得勇猛的人直截便做去。"

敬之问《要旨（要略）》不取杞柳一章。曰："此章自分晓，更无可玩索。不用入亦可。却是'生之谓性'一段难晓。说得来反恐鹘突，故不编入。"

朱熹《答黄直卿书》

《答黄直卿书》云：前书所论，大学两条，似未然。如此，则是明德、新民，其初且苟简做一截。到此于至善处，又仔细做一截也。知至之至，向来却是误作切至之至，只合依旧为极至之至，然此至字，虽与全善之至，皆训极字，而用处不同。至善是自然极至之至，知至是功夫极至之至，难作一例说也。可试思之！此义非独熹不谓然，以示季通诸人亦皆疑，直卿不知何故作此见也。

病中看得《孟子要略》数章，分明觉得从前多是衍说，已略修正写去。此书似有益于学者，但不合颠倒却圣贤成书，此为未安耳。大学诸生看得，多无入处，不如看语孟者渐见次第。不知病在甚处？似是规模太广，令人心量包罗不得也。

真德秀[①]为《孟子要略》后序

《孟子要略》后序云，太守陈侯既刊文公朱先生论语详说于郡斋，又得《孟子要略》以示学者，曰："先生之于孟子，发明之也至矣，其全在《集注》，而其要在此编。盖性者，义理之本源泉，学者必明乎此，而后知天下万善皆由此出，非有假乎外也。故此编之首：曰性善焉。性果何物哉？曰：五常而已耳。仁义者，五常之纲领也。故论性之次，曰仁义焉。心者，性之主，不可以无操存持义之功。故论心为仁义之次。事亲从兄，天性之自然，而本心发见之尤切者也。故孝悌为论心之次，仁义者，人心之所同，而所以贼之者利也。学者必审乎义利之分，然后不失其本心之正。故义利为孝悌之次，义利明矣，推之于出处，则修吾天爵而不诱至人爵；推之于故事，即纯乎王道而不杂乎霸功，故义利之次，二者继之。圣贤之学，循天理之正，所以尽其性也；异端之学，徇人欲之私，所以拂其性也；故以是终焉。先后次第之别，其指岂不甚明也哉！学者于《集注》求其全体，而又于此玩其要旨焉，则七篇之义无复余蕴矣。虽然学者之于道，岂苟知而已耶？昔尝闻先生与其门人论辑此书之意，而诲之曰：'观书不可仅过目而止，必时复玩昧，庶几忽然感悟到得义理，与践履处融会，乃为自得。'呜呼！是又先生教人之要指也。予之刻此书也，岂苟然哉！"

---

① 真德秀（1178—1235），建州浦城（今福建）人，南宋大臣。字景元，后改景希，号西山。学术继承朱熹，称"一代大儒"。官礼部侍郎、直学士院。以"敢直言"著称，所著《西山文集》五十六卷。本序见《真西山文集》29卷。

侯以序引见属退，惟学未能窥先生之门墙。故于侯之命虽不敢辞，而亦不敢以序自任也。故论次侯本语，系诸编末，为朋友共讲云。

朱彝尊[1]《经义考》一则

《孟子要略》（未见）真德秀序曰：（云云见上）。按是序亦载刘爚《云庄集》。

王白田《朱子年谱》[2]一则

光宗绍熙三年，壬子，（朱熹）六十三岁，《孟子要略》成。（语录云见上。考异云：李本无，洪本附注，除知静江府之下，今立一条。《要略》又名《指要》，一名《要指》，盖一书也。其书今不传，故附载语录以见其概。）四卷。

---

① 朱彝尊（1629—1709），字锡鬯，号竹垞。浙江秀水（今浙江嘉兴）人。擅长诗词，为浙派词的创始者。有《经义考》三百卷。
②《朱子年谱》，清王懋竑撰，四卷。

朱熹像

第一章　人性论

国藩谨按：此卷言人性本善，欲人存心养性，以复其初。

——曾刻版《孟子要略》原书卷一

之曾国藩卷首按语

一、人性本善，万物一理

滕文公为世子，将之楚，过宋而见孟子。孟子道性善，言必称尧、舜。

世子自楚反，复见孟子。孟子曰："世子疑吾言乎？夫道一而已矣。成覵谓齐景公曰：'彼丈夫也，我丈夫也，吾何畏彼哉？'颜渊曰：'舜何人也？予何人也？有为者亦若是。'公明仪曰：'文王，我师也，周公岂欺我哉？'今滕，绝长补短将五十里也，犹可以为善国。《书》曰：'若药不瞑眩，厥疾不瘳。'"（原文录于《孟子七篇·卷三·滕文公上·世子章》）

【曾国藩按语】集注云："孟子之言性善，始见于此，而详具于告子之篇。然默识而旁通之，则七篇之中，无非此理。"朱子编次《要略》一书，于每卷之首章，必有数语，发明大旨。今其说不可得闻，然如此章《集注》之说，则《要略》之所以托始于此者，亦差可窥寻矣。

【译文】

滕国的国君滕文公，在执政前身为太子时，有一次要出访楚国，中途路过宋国，听说孟子也在此，便停下来去拜见孟子。孟子对他讲了一番人性从根本上来说是善的道理，而且，每句话都用尧、舜两位先王的事，来证明他观点正确。

这位滕国的太子从楚国回来，又去拜访孟子。孟子对他说道："世子怀疑我的话吗？其实，天下事尽管千差万别，但道理都是一样的罢了。从前，齐国的武将成覸对齐景公说：'他是男子汉大丈夫，我也是男子汉大丈夫，我为什么要有不如他的畏惧心呢？'孔子的学生颜渊也说过：'舜帝是什么样的人？我是什么样的人？只要我肯努力去作为，也会和他一样的。'鲁国的贤者公明仪也说过：'辅佐周武王的周公曾经讲过，说周文王是他的老师。周公难道会欺骗我们吗？'今天的滕国虽然是个小国，但长短折合起来也方圆近五十里了吧，如果能够用自己的长处，来补自己的短处，那么还是可以成为一个很美好的国家的。正如《尚书》所言：'如果人生病了，服用的药不使人产生瞑眩反应，那就是药力不足，病也就不会彻底痊愈。'"

【注解】

这一段在《孟子》七篇原著原版中的编次，本来是第三

尧帝见舜图

　　身为平民的大舜孝感天地，身为帝王的唐尧知道后便亲自去田野拜访这位正在耕地的年轻后生。这是尧、舜二帝的第一次见面。图左二为尧，右一为舜，身后助耕的大象实际上象征舜的弟弟。舜之弟名象。

周文王像

颜回像

孟子像

曾国藩像

卷的首章，但朱熹在编选《要略》时把它列入首卷首章。很显然，朱子认为，孟子思想体系的逻辑起点是"人性善"。而且他把孟子原本散落于各篇章中，关于人性善恶的论说，基本上都集中在这一卷中，显然并非随机辑纂。朱子在注此段时就讲道：在孟子的著述里面，"七篇之中，无非此理"；而今人也说"性善论是孟子道德哲学的核心内容"，当为不谬之论。

孟子向滕世子讲的"人性善"与"称尧舜"，原本当有长论，可惜记述之太简，已无所知。好在后面的章节中所言二帝之事似可为补充。而世子重来，肯定就所疑惑处有所请教，但也被省略。从孟子的陈述来逆推，世子肯定提出了一些不同的学说——人性未必尽善，平民与圣人的人性善种种不同问题。因此，孟子才说出了"道一而已"。而且世子一定提出了小人与大人、小国与大国为善不同的困惑，因此孟子才又举了三个人的例子，讲述了只要肯努力，皆可臻善境的结论。而且以《尚书》中的一句话来说明不痛下针砭，则无以克服恶的道理。

"世子"，太子，王位的继承者。"性善"，朱子注："性者，人所禀于天以生之理也，浑然至善，未尝有恶。"程子注："性即理也。天下之理，原其所自，未有不善。"显而易见，程朱二子所注，把人性善全然纳入了他们的理学轨道，似有牵强，太理学化了。这是程朱理学注《四书》的最被人诟病处。"性善"，当指人的本性是仁慈善良的，是一种本能。"人之初，性本善"，但人之初哪里懂什么"理"啊？一种本能而已。凡言天生，多指物质之形、物之本性，而罕有称"理"为天生所秉的。而程朱认为，理义、义理者生于内，也未必其然。说内存于心可以，说内生于心则不可。否则后天的社会化与成长教育环境便会毫无意义，这是不言自明的事。程朱及孟子都有此类唯天、唯心、唯内的一面。本书此后皆从其本义注解，不再一一说明，读者自会领略其正。"道一而已"，圣贤各不相同，凡圣亦不相同，但人之性善的道理和标准是一样的，而不在功业微巨、身份高低。"文王，我师也"，朱子注称这句话是周公说的话。

朱子在"孟子章句"本篇章尾按称："愚按：孟子之言性善，始见于此，而详具于《告子》之篇。然默识而旁通之，则七篇之中，无非此理。其所以扩前圣之未发，而有功于圣人之门，程子之言信矣。"那么程子又如何说呢？"孟子有功于圣门，不可胜言。仲尼只说一个仁字，孟子开口便说仁义。仲尼只说一个志，孟子便说许多养气出来。只此二字，其功甚多。""孟子有大功于世，以其言性善也。""孟子性善、养气之论，皆前圣所未发。""孟子大贤，亚圣之次也。"这些就是程子论孟子对圣门有功之处。

二、性善天生：求则得之，舍则失之

公都子曰："告子曰：'性无善无不善也。'或曰：'性可以为善，可以为不善。是故文、武兴，则民好善；幽、厉兴，则民好暴。'或曰：'有性善，有性不善。是故以尧为君而有象，以瞽瞍为父而有舜，以纣为兄之子且以为君，而有微子启、王子比干。'今曰'性善'，然则彼皆非与？"

孟子曰："乃若其情，则可以为善矣，乃所谓善也。若夫为不善，非才之罪也。恻隐之心，人皆有之；羞恶之心，人皆有之；恭敬之心，人皆有之；是非之心，人皆有之。恻隐之心，仁也；羞恶之心，义也；恭敬之心，礼也；是非之心，智也。仁、义、礼、智，非由外铄我也，我固有之也，弗思耳

朝臣憂國

鎮殿大將軍方弼、方相聞言大叫一聲，願保二位殿下。反出朝歌另擇新君黃飛虎見國政顛倒疊現不祥。知天意人心俱有離亂之兆心中鬱鬱不樂。又見微子、箕子比干諸位殿下。不樂滿朝文武人人切齒，個個長吁。正無

子微
箕子
黃飛虎
楊任
方弼
殷洪
殷鄭
比干

商纣王的贤臣王叔比干、微子、箕子等

周幽王烽火戏诸侯

矣。故曰：'求则得之，舍则失之。'或相倍蓰而无算者，不能尽其才者也。《诗》曰：'天生烝民，有物有则。民之秉夷，好是懿德。'孔子曰：'为此诗者，其知道乎！故有物必有则，民之秉夷也，故好是懿德。'"（原文录于《孟子七篇·卷六·告子上·公都子章》）

【译文】

公都子对孟子说："告子说：'人性无善与不善之分别。'有的人说：'人性可以善，可以不善。因此，有周文王、周武王那样贤明的君主出现，百姓就自然向善；而像周幽王、周厉王那样的昏暴君主出现，百姓也自然就走向横暴了。'还有的人说：'人有天生性善的，有天生性恶的。因此，像尧帝那样好的君主，却有象（舜的弟弟的名字）这样不行兄弟友爱的子民；有像瞽瞍那般不贤的父亲，却生下了舜那样贤良的儿子；有纣王那般残暴的侄子（兄之子），还做了君王，却有着微子启那般宁可装疯也不背叛他的贤臣、宁可被剖心也不放弃直谏的比干这样忠烈的好叔父。现在如果按先生您的性善论来比照，那么这些说法都错了吗？"

孟子回答道："这些关于恶的说法所讲，都不过是易变之人情使然，而从人性的根本上来看，他们本来都是可以为善的啊。这就是我所说的性本善。至于他后来有恶的行为，并不是他本身资质的问题。可以证明人性本善的是，人人都有四种天生的心性：恻隐之心，羞恶之心，恭敬之心，是非之心。恻隐之心就是指见到别人的不幸与痛苦，自己内心也为之隐痛的不忍、同情之心，就是仁；羞恶之心就是指见到不美好、不光彩的丑陋与不善，便有讨厌远避而不肯为之的知耻之心，这是义；恭敬之心就是指待人能于内心由忠的尊重而表现出来表里如一的爱心，这就是礼；是非之心就是明白对错，见了对的、好的、善的我就赞同它，见了错的、坏的、恶的我就反对它的正直之心，这是智。而这仁、义、礼、智之四端并非受自身外部影响而变更的，而是自身生来固有的。只是人们往往不去认真地思考、推想这些而已。因而说：'善这种东西，你主动去求索便会得到，你放弃了它也便失去了。'这就是人与人之间虽然都是性本善，但互相比较起来是善恶相去甚远，而不止于一倍、两倍，那种差距甚至大到不可计算。那些行不善的人都是由于不求不思，而不得发扬其善良的天性才如此的啊！《诗经·大雅·烝民》说：'上天生万民，造物有法则。民当持其常，人性喜美德。'而孔子则说：'写这首诗的人，他是熟知人性天生向善的道理，因此才告诉我们世间有物，便有此物性的天生规定，而百姓把握了这一点，拥有这种善的天性，才会自然地去喜欢那些美好的德行。'"

【注解】

这一段本是孟子七篇中告子（上）的中间部分，而朱子却把它腰斩安排到此处，显然是按其内容的逻辑顺序来考虑的。《孟子要略》全篇都是如此排列的。第一段提出"人性善"的论点，此处就多种说法展开论述，在全篇的结构上起到了承上启下的作用。这种方式尽管全然打破了七篇原著中的编次，但让人能更清晰地得见孟子在一个方面的全部见解。朱子不仅妙手著文章，而且裁锦移缎，亦称得上"大编辑家"。难怪令刊刻此书的曾国藩大为赞叹。

"文、武兴"，周文王、周武王两位明君的兴起。"幽、厉兴"，周幽王、周厉王两位暴君昏主的出现。"非才之罪"，本句说人有不善的，并不关人之本性的事。才与材通，

民国时期连环画《封神传》（局部）

周公辅佐周武王灭纣开国

材质，代指人的资质。"烝民"，众民。"物必有则"，物为事物，则为法则。朱子注孔子所言此句称："夷，《诗》作彝，常也。懿，美也。有物必有法：如有耳目，则有聪明之德；有父子，则有慈孝之心，是民所秉执之常性也。故人之情无不好此懿德者。以此观之，则人性之善可见，而公都子所问之三说，皆不辩而自明矣。"

三、人异于禽兽者几希，人贵"仁义行"而非"行仁义"

孟子曰："人之所以异于禽兽者几希，庶民去之，君子存之。舜明于庶物，察于人伦，由仁义行，非行仁义也。"（原文录于《孟子七篇·卷四·离娄下·人之章》）

【译文】

孟子说："人之所以与禽兽的差别并不大，大概也仅是因为在义理这一点上的不同吧。平民百姓往往忽略了这一点，而有德之人却能够把它常存于心。而虞舜之所以能成为圣人，很重要的一点便是因为他自身能够明察一般事物的道理所在、了解人的伦理道德之心。因此他的行为都是按照内存于心的仁义之道主动做出来的，而不仅仅是按照仁义的规范去被动行事的。"

【注解】

本章论述"道统"思想源自人的本质属性。人与禽兽的区别在于人懂得义理，而禽兽不懂。人兽之别仅此一点而已，但这一点正是人兽的根本区别所在。而人与人的区别则在于常人往往忽略了这一点，而圣人之所以为圣人，就是因为他们能存义理于心，并依物理、人伦、天道而行。人与人的不同，仅此而已。正如朱子注本章之谓："人物之生，同得天地之理以为性；同得天地之气以为形。其不同者，独人于其间得形、气之正，而能有以全其性，为少异耳。虽曰少异，然人、物之所以分，实在于此。众人不知此而去之，则名虽为人，而实无以异于禽兽；君子知此而存之，是以战兢惕厉，而卒能有以全其所受之理也。"

"庶民"，大众。"去之"，忘记、丢掉义理。"存之"，把义理存于心中，不忘依其而行。"庶物、人伦"，物理、人情。"仁义行、行仁义"，朱子注称："由仁义行，非行仁义，则仁义已根于心，而所行皆从此出。非以仁义为美，而后勉强行之，所谓安而行之也。此则圣人之事，不待存之，而无不存矣。""仁义行"，为内发而行，因为心存仁义。"行仁义"，为外由而行，因仁义未存于心，所行由外引发而已。

四、人不患所不能，而患不为不求

曹交问曰："人皆可以为尧、舜，有诸？"

孟子曰："然。"

"交闻文王十尺、汤九尺，今交尺九四寸以长，食粟而已，如何则可？"

曰："奚有于是？亦为之而已矣。有人于此，力不能胜一匹雏，则为无力人矣；今日举百钧，则为有力人矣。然则举乌获之任，是亦为乌获而已矣。夫人岂以不胜为患哉？弗为耳。徐行后长者谓之弟，疾行先长者谓之不弟。夫徐行者，岂人所不能哉？所不为也。尧、舜之道，孝弟而已矣。子服尧之服，诵尧之言，行尧之行，是尧而已矣。子服桀之服，诵桀之言，行桀之行，是桀而已矣。"

曰："交得见于邹君，可以假馆，愿留而受业于门。"

曰："夫道，若大路然，岂难知哉？人病不求耳。子归而求之，有余师。"（原文录于《孟子七篇·卷六·告子下·曹交章》）

【译文】

曹国国君的弟弟曹交问孟子说："您曾经说过，人的修为都可以达到尧、舜的境界，有这种可能吗？"

孟子回答道："当然。"

曹交又问道："我听说周文王身高十尺（旧制），商王成汤身高九尺，他们都是圣贤君主。如今我的身高有九尺四寸，当在二王之间，可是我不过每天白吃饭而已，怎么样才能像他们那样呢？"

孟子回答道："这何关身体的长短呢？也没必要去如此比较，无非怎样去修为、作为而已。比如，有的人，他的臂力举不起来一只小鸡、小鸭，这就算无力之人了。那么，现在说如能举起三千斤（百钧）重量的人，当然就算有力气的人了。如此推论下去，能举起乌获曾经举过的三万斤（千钧）重量的，也无非一个如古代乌获一样的大力士而已。不过，这种比较是毫无意义的。人怎么能以不胜力为忧虑呢？应该忧虑的是不肯去作为啊！在与比自己年长者一起走路的时候：能慢慢地跟在长者后面行走的人，可以称为'懂悌道的人'；快步走在长者前面的就是'不懂悌道礼敬的人'。慢点走，岂是人做不到的吗？不过是不肯做罢了。向尧、舜学习，不过，是要学他们的孝行悌道而已，而不是去跟他们的帝王身份、圣贤地位、治政业绩比。你如果能够在服饰方面像尧那样既简朴又讲礼仪，说

商汤的三幅画像与夏桀的画像石刻（右下）

的话像尧那样仁义得体，所行之事像尧那样去做，那你就和尧没什么不同了。如果你的服饰、语言、行事都和夏桀一样，那么你也就和那个荒淫残暴的亡国之君没什么不同了。"

曹交说："我有幸见到了先生，听了您的教诲让我很受益，我愿意借一处学馆，留下来，拜在您的门下受教诲，来研究尧、舜之道。"

孟子说："道，如同大路一样，哪儿有什么难学的？怕的只是人们不肯用心去寻求、研究。你回去后，只要认真学习探求，就会比师从一个人更有益处。"

【注解】

这一段是孟子与曹交论述怎样学习尧、舜之道。从孟子所谈的内容与方式上来看，来者肯定是一个既不懂礼仪又没学养的纨绔子弟。因此，孟子才有"尧服""桀行"之教，而又不肯收他为弟子。其无学养竟至于提出以身材长短来比较人的德行，足见其陋。但其可取之处，竟然能够信服孟子的说教，并想拜他为师，这也实属难能可贵，也是说人性本善了吧。

值得注意的是，文中曹交所说"得见邹君"，这个邹君并不能释为邹国的君主，而是对孟子的尊称。据《史记·孟荀合传》载：齐宣王时代的齐国曾以有三个邹子而闻名。孟子前后有邹忌、邹衍仕于齐，孟子也曾为齐客卿，因其是邹县人，时人也附丽尊称他为"邹子"，为齐之"三邹子"之一。段末的"有余师"，当释为随时随地都有老师，亲师取友亦可为师，而不必师从一人为师的意思。"余"字不能做"我"字解。

曹交虽贵为曹君的弟弟，但孟子仍不收他为弟子，亦可见孟子为人处世之耿介一斑之法门。

"交闻"，曹交听说。"尺"，此处指身高。"食粟而已"，白白吃饭。"雏"，小鸡。"乌获"，古代著名大力士。"徐行后长者"，慢慢跟在长者的后面走。"邹君"，非邹国之君，而是指孟子，孟子为邹地人。

五、人性如水，虽因势相异而不关本性

告子曰："性犹湍水也，决诸东方则东流，决诸西方则西流。人性之无分于善不善也，犹水之无分于东西也。"

孟子曰："水信无分于东西，无分于上下乎？人性之善也，犹水之就下也。人无有不善，水无有不下。今夫水，搏而跃之，可使过颡；激而行之，可使在山。是岂水之性哉？其势则然也。人之可使为不善，其性亦犹是也。"（原文录于《孟子七篇·卷七·告子上·湍水章》）

【译文】

告子说："人性就像奔流湍急的河水一样，决开东面的河堤，它就会向东流，决开西面的河堤，它就会向西流。人性没有善与不善的区别，就像这河水一样，向东流、向西流都是这一河之水，没什么两样。"

孟子反驳说："水自然没有您说的这种向东流、向西流的区别，但是谁能说水没有向高处流、向低处流的区别呢？就本质而言，人性的向善和水向低处流的本性是一样的。人的本性是没有不向善的，水的本性是没有不向低处流的。是的，现在，就水而言，如果加之人力的搏击拍打让它跳跃起来，它也会向上高过人的额头；如果堵住它的下游，让它撞到截坝上，反激其倒流，也可以把它弄到高山上去。但这难道是水的本性使然吗？这不过是它受到一种外力造成的势使它这样的。人有

冯玉兰夜月泣江舟

时也可能会有不善的种种作为，这也如同水之遇势一样使其如此，而他的本性和原来还是一样的。"

【注解】

《孟子》七篇中的"告子"这一篇，是朱熹十分看重的。尽管他把该篇肢解得七零八落，重新编排，但让人更清晰地看到了孟子关于人性善恶论述的逻辑层次与体系，反倒没了读原版原编的那种七零八落之感。

在孟子与告子论人性善恶中，这一段是由前一段"杞柳章"引起的，但后者被朱子删去。而且"杞柳章"又是告子篇的首章。重编者舍其首而取其次，自非无因之举。

在"杞柳章"中，告子说："天生的人性就像杞柳一样，而人后天的义行，就像这树木由人工加工而成的杯盘一样。如果认为人心天生是仁义的，那就如同把树木拿来直接当杯盘用一样。"而孟子则诘问告子，说："那你能够顺于杞柳的天性，不去伤害它而加工成杯盘吗？还不是要通过人工的办法，加害于杞柳，才能做成杯盘吗？如果是这样，那你把人性比作杞柳，把仁义比作杯盘，不就是在说，要先加害于人性，然后才能做到仁义吗？这样就势必导致全天下的人都不愿意去做仁义之人，因为仁义有害于天性啊。而真正祸害仁义的，一定是你的这种言论了。"

朱子为什么会把这一段删掉，已不可得详。也许朱子并不赞同孟子的这种观点吧。其实，仔细想来，告子的说法未必全然不对，人的仁义之心、仁义之行，未必全由天生，而无后天养成。否则施教化、自修养又有何意义？而真仁义者，又未必因受其害而弃仁义。如此，又何以称"仁义"呢？本来"仁义"之概念，自有舍弃个人利益、不计个人利害的含义。对于这一点，孟子在后面也有舍生取义之说，似与其驳"杞柳说"自相矛盾。

"湍"，急流貌。"过颡（sǎng）"，超过额头。"水之性"，水向低处流是它的本性，而向东、西、南、北、上这些方位流淌跃动，无非外物外力、地势使之如此，这都不是它的本性。人性也如此，人的本性是善的，如有种种变化也是外物外力、外境使之不善，同样与本性无关。

六、将"四心"扩充之，可如火燎原、水达四海

孟子曰："人皆有不忍人之心。先王有不忍人之心，斯有不忍人之政矣。以不忍人之心，行不忍人之政，治天下可运之掌上。所以谓'人皆有不忍人之心'者，今人乍见孺子将入于井，皆有怵惕恻隐之心，非所以内交于孺子之父母也，非所以要誉于乡党朋友也，非恶其声而然也。由是观之，无恻隐之心，非人也；无羞恶之心，非人也；无辞让之心，非人也；无是非之心，非人也。恻隐之心，仁之端也；羞恶之心，义之端也；辞让之心，礼之端也；是非之心，智之端也。人之有是四端也，犹其有四体也。有是四端而自谓不能者，自贼者也。谓其君不能者，贼其君者也。凡有四端于我者，知皆扩而充之矣，若火之始然、泉之始达。苟能充之，足以保四海；苟不充之，不足以事父母。"（原文录于《孟子七篇·卷二·公孙丑上·人皆章》）

【译文】

孟子说："人都有天生不忍见他人苦难祸殃诸不幸的物伤其类之心性。先王正由于有这种不忍之心，才有仁政、美

政的实施。能以不忍人之心，行不忍人之仁政，那么，治理天下就会如同在手掌心中运行一样，很容易把握自如。而之所以讲人都有不忍人之心者，是因为现在人们看见别人家的小孩爬到了井边上，要掉进井里，便都会自然产生惊惧、同情、隐痛之心。这种感觉的产生，并不是想讨好孩子的父母，不是为了邀得乡里、邻人、朋友之间的赞誉，也不是因为怕别人说他们无仁义之心才这样的。由此观之，推而广之，没有恻隐之心的人，没有羞恶之心的人，没有辞让之心的人，没有是非之心的人，都不能算是一个人。以上"四心"则分别是仁、义、礼、智的发端、起点。一个人拥有这四端，就如同人有四肢一样。有此四端而自身仍不能善行者，就是自伤自害者；而说他的君主不能善行者，便是害他的君主。凡是拥有这四端于自身的人，就应该懂得从这四个起点出发，不断地去扩大、充盈、扎实自己的善心。就像刚刚燃烧起来的火一样，要不断地让它扩大成燎原之势，如泉水初涌，让它不断地涌流，直至通达四海。如果能使其扩充起来，那么就是行于四海也一定能保太平；否则，就连侍养父母都无法得到保证。

【注解】

朱子称：孟子之所以说人皆有忍人之心，是因为天地之道以生养万物为心，而得以生养的万物都先天以得天地之心为己心。而文中所言见孺子将入井而所生之恻隐之心，纯为未加思索出自天性的真心，出于自然而毫无自私之意。而不忍人之心就是恻隐之心。而恻者为伤之痛，隐者为痛之深，是一片为他人之不幸而自然生发出来的无言的极伤痛之心。也正为此，方可为人性善之佐证。虽然，孟子的这段论述足以证明，中国人对于人性的认识在两千多年前，就已经达到了现代科学理论的高度。如孟子讲的几个"非人也"，并非随意而发，而是在讲人与动物的根本区别。

这里很为程朱理学所推重的是"扩而充之"。朱子说："学者于此，反求默识而扩充之，则天之所以与我者，可以无不尽矣。"而程子则讲道："人皆有是心，唯君子为能扩而充之。不能然者，皆自弃也。"这里只讲仁、义、礼、智之四端，而不言"信"字，程子认为是"既有诚心为四端，则信在其中矣"。

"不忍人之心"，恻隐之心。"内交"，讨好意。"要誉"，有意讨取好名声。"乡党"，同乡。此党非今党义，乃是古代乡之下的一个小村屯组织建制，五百户为一党。"贼"，害。

七、扩充之道：有所不忍达于忍，有所不为达于为

孟子曰："人皆有所不忍，达之于其所忍，仁也；人皆有所不为，达之于其所为，义也。人能充无欲害人之心，而仁不可胜用也；人能充无穿逾之心，而义不可胜用也。人能充无受尔汝之实，无所往而不为义也。士未可以言而言，是以不言舌之也；可以言而不言，是以不言舌之也。是皆穿逾之类也。"

（原文录于《孟子七篇·卷七·尽心下·人皆章》）

【曾国藩按语】《集注》云："尔汝，人所轻贱之称。人虽或有所贪昧隐忍，而甘受之者。然其中心必有惭忿，而不肯受之之实。人能即此而推之，使其充满、无所亏缺，则无适而非义矣。"《语录》云："文公因沈僩之问，'自谓注中因何解不

分晓？'谓实字当对名字，说不欲人，以尔汝之称加诸我，是恶尔汝之名也。然反之于身，而去其无可尔汝之行，是能充其无受尔汝之实也。"《金氏集注考证》云："履祥按：注中不分明者，谓旧说作诚实解也。然今注，亦未大分晓，当从《语录》之说。士未可以言而言，是以言铦之也；可以言而不言，是以不言铦之也。是皆穿逾之类也。"金氏曰："此章《要略注》，尚是旧说。"此《要略注》之旧说，今不可详。恐无即受尔汝之实一节。金氏所谓旧说作诚实解者也。故备录《集注》《语录》及金氏之说于右（上）。

【译文】

孟子说："人人都有一片不忍之心，如果能把这种不忍之心，扩展到他那些残忍之处，那他就真正达到了仁的境界；人人都有自己不肯为之之事，如果能把此种向善的不为之心，扩展到他那些不应该去为的事上，那他就真正臻至了义的田地。人如果能把自己那种天生不想有损有害于他人的善心，充实扩展开来，那么善良的仁心就会用之不尽了；人如果把那种不肯翻墙盗洞、投机钻营、为我自利而不择手段的心性，充实扩展开来，那么义就会取之不竭了。人如果能把那种不肯受人'你啊你'地呼来喝去、无所尊重之辱的羞耻之心充实起来，既不受辱也不去辱人，毫无亏缺之处，那么你的所作所为就没有不符合义的了。"

【注解】

这是《孟子》七篇中最后一篇"人皆章"的一段。朱子把它截来，承接卷二的"人皆章"，两章对接得天衣无缝。上一段只讲述了人以立身的"四心四端"，而且提出了对此"扩而充之"的命题，但并未指出如何去扩充。而这一段则恰好指出了应该如何去扩充。而朱子重编《孟子要略》的最大好处，就是使人在了解孟子的思想体系时，免去了寻章摘句的翻检、拼接之苦，也剔除了那种七零八落的感觉。而没有体系的东西，不能称为"思想"，只是一得之见而已。

朱子对孟子思想地位的底定与传播，真是功莫大焉。既把《孟子》纳入"四书"之中，又为其做"集注"，同时编成"要略"一书。虽失传恒久，但赖有刘传莹先生的有心发现，精心钩沉，使其得以旧面目见新天日，而曾国藩又为其序刻传诸后世。这也是孟子的思想魅力使然吧。

孟子在本章结尾处的一段原文为："士未可以言而言，是以言恬（tiǎn）之也。可以言而不言，是以不言恬之也。是皆穿逾之类也。"意思是说：读书人在不该讲话时而去讲话，这是"恬"——用语言来勾引人，试探人；在可以讲话时而不讲话，这是用不发言来探取他人的意思。这两种方式都和那种"穿逾"之人是一类的，既不光明，也不正大。

"恬"，诱取、勾引。"穿逾"，见"穿窬（yú）"。宋代的陆九渊讲过："以言恬人，不以言恬人，均为穿逾之数。"这是对孟子这段话的解释。其中"穿窬"二字是从孔子那里来的。这两个字从孔子而孟子、而朱子、而陆子，一直到曾国藩，经常见诸行文之中。是什么意思呢？"穿"是翻越之意；"窬"是门边的洞隙，也是挖空的含义。孔子在《论语·阳货》中有"其犹穿窬盗也"句，《后书·陈忠传》有"夫穿窬不禁，则致强盗"句。因此，这两个字似可以理解为不走正路的偷盗行为，或投机取巧的机心诈意。

孟子在本章主要讲述人对"四心四端"的扩充之道。扩道为推而广之，由此及彼、由表及里，举一反三、触类旁通；充道为充实之意，要首先使自己的四心充满、扎实，其次才有扩之可行性。自身尚不完满、扎实，自心尚有亏缺，如何能推而广之，扩而大之呢？尽管性善是人天生固有的本性，但人人都有为外物所诱惑之时、所蒙蔽之处，这正是孟子十分重视"扩充"之所在。因此，朱子也讲：尽管恻隐之心人皆有之，"然以气质之偏、物欲之蔽，则于他事或有不能者。但推所能，达之于所不能，则无非仁义矣"。这也正是孟子思想的辩证而非一点论之处。

朱子的"扩充之道"基本为"四推"："但推所能，达之于所不能"，"推所不忍，以达于所忍"，"推其所不为，以达其所为"，"推其所不受，达其"无所亏缺"。

八、天下鞋相似于足同，心相似于理同

告子曰："食色，性也。仁，内也，非外也；义，外也，非内也。"

孟子曰："何以谓仁内义外也？"

曰："彼长而我长之，非有长于我也；犹彼白而我白之，从其白于外也，故谓之外也。"

曰："异于（张氏曰：'异于'二字疑衍，李氏曰或有缺文）白马之白也，无以异于白人之白也；不识长马之长也，无以异于长人之长与？且谓长者义乎？长之者义乎？"

曰："吾弟则爱之，秦人之弟则不爱也，是以我为悦者也，故谓之内。长楚人之长，亦长吾之长，是以长为悦者也，故谓之外也。"

曰："耆秦人之炙，无以异于耆吾炙。夫物则亦有然者也，然则耆炙亦有外与？"（原文录于《孟子七篇·卷六·告

子上·食色章》）

　　孟子曰："富岁，子弟多赖；凶岁，子弟多暴，非天之降才尔殊也，其所以陷溺其心者然也。今夫麰麦，播种而耰之，其地同，树之时又同，浡然而生，至于日至之时，皆熟矣。虽有不同，则地有肥硗，雨露之养、人事之不齐也。故凡同类者，举相似也，何独至于人而疑之？圣人与我同类者。故龙子曰：'不知足而为屦，我知其不为蒉也。'屦之相似，天下之足同也。口之于味，有同耆也。易牙先得我口之所耆者也。如使口之于味也，其性与人殊，若犬马之与我不同类也，则天下何耆皆从易牙之于味也？至于味，天下期于易牙，是天下之口相似也。惟耳亦然。至于声，天下期于师旷，是天下之耳相似也。惟目亦然。至于子都，天下莫不知其姣也。不知子都之姣者，无目者也。故曰：口之于味也，有同耆焉；耳之于声也，有同听焉；目之于色也，有同美焉。至于心，独无所同然乎？心之所同然者何也？谓理也，义也。圣人先得我心之所同然耳。故理义之悦我心，犹刍豢之悦我口。"（原文录于《孟子七篇·卷六·告子上·富岁章》）

【译文】

　　告子说："饮食男女之事，是人不用教也不用学的固有天性。因此说，仁心是人内心固有的，而不是从外部来的；义理则是受外部影响诱发才有的。"

　　孟子则反驳他说："怎么能说仁生于内而义成于外呢？"

　　告子说："比如，一个人年长于我，是因为他的年长，我才敬他，并不是我从心里就要敬他的年长。这就如同白的东西是因为它白的，我才认定它是白的一样。而这种结论是从它

师旷鼓琴图

外在的白而得出的，所以说义是由外而生的。"

孟子说："这是不同的。白马的白固然与白人的白是没有两样的。但不知道尊敬那老马的年长，与尊敬老者的年长是不是一样呢？再说了，到底是因为他年长才敬他合于义，还是从我内心尊敬他的年长合于义呢？"

告子说："我之所以说仁内义外，比如，我的弟弟我是爱他的；而若是秦人的弟弟，我就不会那样爱他。这是因为我从心里喜欢我的弟弟，而且是让我自己高兴的事，一切都是我主动的，所以说仁爱的感情是发于内心的。但无论是尊敬楚人的长辈，还是尊敬我的长辈，都是因为他们年长，我才去敬的，而敬人则是让他们喜欢的事，而我是被动的，因此说义理的行为是外生的。"

孟子说："喜欢吃秦国人烤的肉，与喜欢吃自己烤的肉的心理是没什么不同的，不过都是爱吃烤肉而已。事物的道理也是与此同样的罢了。难道'爱吃烤肉'的嗜好还有外生的吗？"

孟子说："丰收富裕之年，青少年子弟衣食足而有所依赖，多向善之心；歉收动乱之年，青少年子弟衣食无安，自多横暴走险之举而少善行。这不是上天故意让人一出生就不公平有所差别，而是人生际遇的时世不同，行为便有所不同。就像那些子弟的横暴，也无非饥寒交迫逼使他们溺昧善心，陷入不良的行为中。并非他们的本性天生如此。这就如同种大麦一样，都是同时播种，同样培土，种在同一块土地上。又一同生机勃勃地成长。到了成熟的日子，也都一齐成熟了。但它们各自籽粒的大小、轻重有所不同。虽然如此，却是因为它们各自的立地条件有肥有瘠，得到的阳光、雨露有多有少，人力耕耘的劳动程度有所不同。而与大麦种子的本性无关。因此，凡是同类的事物在本原本性上都是相似无异的。为什么单单对人与人的本性相同却有所怀疑呢？其实，就是圣人，与我们常人的人性也都是同类啊！因此龙子说：'即使不知道脚的大小便去做鞋子，但我相信他也不会把鞋做成筐子那样的。'龙子说得很对啊，因为天下人的脚形是一样的，所以鞋虽有大小、肥瘦之别，但鞋的形状都是相似的。这就和人的口味是一样的道理。口对于味道是有相同的嗜好的。这就是齐国那个易牙长于品尝滋味就能做出可口菜肴的原因所在。他不过是先了解、掌握了人的口味嗜好罢了。如果说天下人之口对于味道的感觉相似，与人性的相同不一样的差别，就像犬马与人不同类那样大，那么天下人为什么都偏嗜于易牙调出来的滋味呢？其实，天下人都喜欢易牙所调的滋味，无非因为天下人的味觉都相似。就是人的耳之听觉也同样，天下人都愿意听音乐大师师旷的乐曲，是天下人对音乐的听觉审美相似。眼睛的视觉也同样。天下人都以古代的子都为美男子，以至于不知子都之美者，被称为"没长眼睛"，也无非说明人的视觉审美标准是相似的。因此说：人口对于味道的品尝，尽管各有所好，但在总体上，嗜好是相似的；人的耳朵对于乐声的欣赏，是有共同喜好的；人的眼睛对于人相貌的视觉，是有相同审美标准的。那么对于人心而言，就没有相同之处吗？人心的相同统一于什么呢？在于理与义。圣人之所以为圣人，并没有与常人有什么不同的，只是因为先掌握了人心相同于何处罢了。因此他们讲述的理义之道，让人心里感到的愉悦、快乐，就像口中食用着食草的牛羊、食谷的猪犬一样愉悦、欢喜。"

【注解】

以上两章用了种种比喻，无一不是为了揭示并证明一个道理：天下人的本性是相同的，都是天赋内生的，人性是向善、赞美、乐理义的。但在这两章中，孟子都注重于阐述一般，而没有言及特殊与例外。因此，我们在阅读时，务须从一般的、总体上、大端上去理解孟子的理喻，否则就会产生多所谬言的感觉。尽管孟子的立论、驳论都相当雄辩，但一旦只强调一般而忽略了特殊，只强调共性而忽略了个性，只强调了内因而忽略了外因，便都有一点论之绝对、偏狭之嫌。因此朱子说："气质所禀虽有不善，而不害性之本善；性虽本善，而不可以无省察矫揉之功，学者所当深玩也。"

"耆（shì）"，通"嗜"。"麰（móu）"，大麦。"蒉（kuì）"，草编的筐子。"易牙"，人名，齐国的佞臣，以烹调知味而邀宠于齐王，而终为国之乱臣贼子。"师旷"，古代晋国的国之乐师，通晓音律，后人奉其为乐圣。"子都"，古代著名的美男子，有如女中西施之著名。"刍豢（chú huàn）"："刍"，为食草之牛羊类动物；"豢"，为食五谷杂粮、杂食的猪狗类动物。

"富岁章"中最后讲："心之所同然者何也？谓理也，义也。"程子注："性即理也。理则尧至于涂人（百姓）一（同）也。"

九、"夜气说"：良心得其养而长，失其养则消

孟子曰："牛山之木尝美矣，以其郊于大国也，斧斤伐之，可以为美乎？是其日夜之所息，雨露之所润，非无萌蘖之生焉，牛羊又从而牧之，是以若彼濯濯也。人见其濯濯也，以为未尝有材焉，此岂山之性也哉？虽存乎人者，岂无仁义之心哉？其所以放其良心者，亦犹斧斤之于木也，旦旦而伐

之，可以为美乎？其日夜之所息，平旦之气，其好恶与人相近也者几希，则其旦昼之所为，有牿亡之矣。牿之反覆，则其夜气不足以存；夜气不足以存，则其违禽兽不远矣。人见其禽兽也，而以为未尝有才焉者，是岂人之情也哉？故苟得其养，无物不长；苟失其养，无物不消。孔子曰：'操则存，舍则亡；出入无时，莫知其乡。'惟心之谓与？"（原文录于《孟子七篇·卷六·告子上·牛山章》）

【译文】

孟子说："齐国都城东南牛山上的树木，曾经很茂盛丰美啊！可是由于它坐落在这个大国都城的近郊，为了满足城里对木材的需要，便不断地遭受到斧砍锯伐的厄运，怎么还能保有它的丰美呢？是的，在砍伐之后，它经过日夜休养生息恢复，还有雨水、露水的朝夕滋润，不是没有萌条蘖枝重新生发出来，但可惜的是，这些新生的枝芽嫩叶，又被随便放牧的牛羊啃啮净尽。因此，那山也就只能变成光秃秃的了。可是，人们看到的只是它当时光秃秃的样子，就以为它从来就这样而没生长过丰美的树木美材。但这怎么能看成山的本性就是这个样子呢？在某些人身上，难道没有仁义之心吗？那些放失良心者，就如同牛山之木一样，再美也耐不得天天的斧砍锯伐，怎么还会保有它的茂盛丰美呢？他日夜萌生的善心，就像早晨起来呼吸到新鲜而不浑浊的空气一样，本可以吐故纳新重新作起，但此时他心中的喜恶，与常人相近处已经很少了，再加之白天又开始去为不善，使自己那点良心发现，又被那些像是木制手铐的恶习禁锢一样而消失了。如此反复辗转的恶性循环，夜间复萌的那点善心终于不存在了，那么，他就和禽兽相差无几了。因此，别人见到他近于禽兽的心性行为，就会认为他从来就不是美好善

金代墓室壁画

放牧牛羊图

良之辈，这难道是人的本性吗？因此说，如果得其培养，无论人与物，就都没有不生长的道理；如果失其培养，就没有什么是不会消亡失去的。正如孔子所说：'抓住了就存在，放弃了就失去；出来进去没有确定的时间，没谁知道它的去向。'莫非这就是对人心本性的说法吗？"

【注解】

　　孟子的这一段，前半部分的比喻与论述很优美，说理也很透彻；而后半部分不太容易读懂。但处处对照前半部分的牛山之喻，便也大致清楚。如果能把孟子的"夜气说"搞明白，那全文也就豁然开朗了。因此朱熹说："孟子发此夜气之说，于学者极有力，宜熟玩而深省之也。"并引他一位老师的话对"夜气"进行了解释："愚闻之师曰：'人，理义之心未尝无，唯持守之即在尔。若于旦昼之间，不至梏亡，则夜气愈清。夜气清，则平旦未与物接之时，湛然虚明气象，自可见矣。'"朱子所称为师的老先生的解释虽然一般，却是很实在的道理。

　　"夜气"，指人的自我反省觉悟、良心发现、自我修为的过程，未必指夜间。孟子的"夜气说"乃源自牛山之木的比喻，是指树木被砍伐后休养生息的过程，是讲"日夜之所息"。由树木之比喻而过渡到人时，才明确提出"夜气说"——"牿之反覆，则其夜气不足以存；夜气不足以存，则其违禽兽不远矣"。由于人大体上白天与外部事物接触，夜间休息，而人又多有于夜间思考、反省的习惯，因此孟子才称其"夜气"。"夜气"当为代指自我反省后的良心发现与觉悟。但这"夜气"之所省、所修、所养，与"旦昼之所为"是一种知与行的关系。知易行难，几乎是人类行为的世代定理。知道了，领悟了，未必就能实行，就能改正；而且实行了、改正了，也未必就能持之以恒。因此，孟子既有"牿之反覆"之忧，又有"夜气不存"之虑，更有由此而几近禽兽之惧。因此又引述了孔子的"操则存，舍则亡"来做这段的结语。因此不管怎样三番五次地比喻、引述，孟子在这里要说给人的无非是：不要放松自己，不要让自己不善的行为泯灭自己的善良本性，坚守自己的良知，才能达到人性的完美。而牛山的本性与人的本性是同样的，原本都是美的。

"萌蘖（niè）"："萌"，是树干经砍伐后由伐口处萌发的新枝，俗称"萌条"；"蘖"，指从树木根部直接分生的独立树体。"濯濯"，本义光洁，这里指牛山光秃秃的样子。"斧斤"中的"斤"为古代与斧子近似的一种伐木工具。"所以放其良心者"中的"放"为"失去"义。"有牿亡之矣"中的"牿"，是绑在牛角上使牛不得顶人的横木。"牿亡"的意思是因为受禁锢、束缚而失去。"旦"，作为时间的概念有二义：其一，本义为日初升，引申为早晨；其二，可引申为天、日。旦夕、旦暮之旦为早晨；一旦为一天，旦旦则为天天、日日义；旦日为明天；旦昼则指白天。"操则存"中的"操"为保持、坚守义。"莫知其乡"中的"乡"指处所或朝着、面向。如古文中的"西乡"便是面朝西的方向，同"西向"。

十、官场沉浮律：得人爵而弃天爵者必失

孟子曰："有天爵者，有人爵者。仁、义、忠、信，乐善不倦，此天爵也；公、卿、大夫，此人爵也。古之人修其天爵，而人爵从之。今之人修其天爵，以要人爵；既得人爵，而弃其天爵，则惑之甚者也，终亦必亡而已矣。"（原文录于

《孟子七篇·卷六·告子上·天爵章》）

【译文】

孟子说："这世上有两种爵位：一种是天爵，一种是人爵。一个人拥有了仁、义、忠、信，乐善不倦的德行，这就是天赐之爵；那些由君主封赏的三公九卿、王侯大夫，这就是由受命而得的人爵。古时候的人注重德行的修为，爵禄自然也就随之而来。如今的人修德行，却是为了博得爵禄；而人爵一旦到手了，便放弃了天爵。这真是糊涂到了极点，早晚要把所得的人爵也弄丢了。"

【注解】

朱子称："天爵者，德义可尊，自然之贵也。"人如果能顺天爵而行事，那么孟子讲的人爵便会"不待求之而自至也"。"以要人爵"中的"要"字，与"邀"字通，为博取求得义。

"爵"，位之尊贵者。"人爵"，指由他人所授的官位。"天爵"，是指人的修为到家，不用博取奔求，便自然尊贵，因此称"天爵"；个人修为一旦到家，便又会自然有爵位随之而来。孟子在这里告诉人们一个道理：功名利禄一切以自然为贵。修德到家，无位也自是尊贵。更何况随其后自有人爵会随之而来呢！因此，明代的儒学大师王阳明便讲：播种的时候不要先想着生根、发芽、长叶、开花、结果，只管播种就是了。也无非讲顺其自然。许多事，人一旦算计在先，目的性太强，结果就常常适得其反。古文中的"德"字与"得"字同义。德行的事自修自得，修到了便得到了。得官不得官，有位无位并不重要。而那些把修身养德

赵盾义士图

晋灵公害赵盾图

赵孟之所贵，赵孟能贱之

　　孟子说的赵孟就是晋灵公时的执政大臣赵盾。说他的权力很大，既能让人高贵，也能让人低贱。以此来证明他的"人爵说"。但赵盾本人后来也不断受到他主子的迫害暗杀。

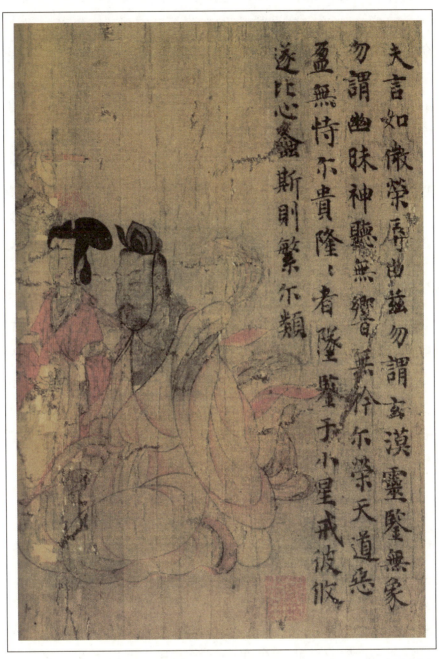

夫言如微榮辱由茲勿謂玄漠靈鑒無象
勿謂幽昧神聽無響無矜爾榮天道惡
盈無恃爾貴隆隆者墜鑒于小星戒彼
遂比心兪斯則繁爾類

顾恺之《女史箴图》（局部）

天道恶盈无恃尔贵

当成升官的敲门砖者，一旦达到目的，就必然把这块砖头扔掉，同时，他的官位自然随之而去。千万别说不灵验，就是今日的高官显位厚禄者，也少有人能逃过此定律。至少那些下马落网者都是因了此律。是的，也有圣人终身不得而仕，小人一朝飞黄腾达的事，但这不是正理正道。圣人仕与不仕终为圣人，小人达与不达仍是小人。

和珅其人，人多耳熟能详，可谓臭名昭著。但历史上的和珅实际上是一个极有学问、聪明过顶之人。可惜的是，他的一切才气全用于巴结钻营升官贪墨上。以学问、聪明、机灵剔透而邀宠于乾隆，可谓如影随形，须臾不可离。因此，朝中高官任其做，天下骏马任其骑。而一得"人爵"加身冠顶，便弃"天爵"于不顾，疯贪狂墨，巴不得天下珍宝金银尽入其私囊中，大有一囊穷天下之势；而且朝内外气焰熏天，连皇太子都要受其欺凌，而只捧住乾隆一人之脚，真正是一人之下，万人之上了。可是乾隆刚去世，和珅便被嘉庆帝软禁起来，以空前绝后的速度被下狱抄家，昭告天下，曝二十起大罪，马上判处死刑，身败名裂，家破人亡。今人得"人爵"者，无论其位多高、权多大，不可不鉴、不慎。

十一、得失定理：富贵身外物，可得失予夺

孟子曰："欲贵者，人之同心也。人人有贵于己者，弗思耳。人之所贵者，非良贵也，赵孟之所贵，赵孟能贱之。《诗》云：'既醉以酒，既饱以德。'言饱乎仁义也，所以不愿人之膏粱之味也；令闻广誉施于身，所以不愿人之文绣也。"（原文录于《孟子七篇·卷六·告子上·欲贵章》）

【译文】

孟子说："希望显贵，这是人人都有的心理。本来人人都有属于自己的天赋尊贵，却很少有人去认真思考这一点。因此，他不知道别人所给你的贵，并不是属于你自身所有的尊贵。像赵孟这样的大官，他能给你以显贵的地位，但他也能夺走这份显贵，让你重新处于卑贱的地位。《诗经》说：'既醉以酒，既饱以德。'意思是说：人如果心中充满了仁德，便不会再去追慕他人的精食美味；如果善名、美誉都归于自身，那就不再看重他人纹绣华美的外衣了。"

【注解】

这一段在卷六中是紧接上文的。孟子要告诉我们的道理是，天爵为重，人爵为轻。为什么呢？天爵是存于人心之内的，是他人不可剥夺的，因此称"良贵"；而人爵则是他人给予的，凡是他人给予的，凡是身外之物都是可以被剥夺的，因此，"非良贵也"。而且"良贵"于人如就饱于德，德在而不饥；"非良贵"如就醉于酒，酒醒即空。善德重于美食、美酒，美名重于锦绣之衣。因此，朱子引尹氏言曰："言在我者重，则外物轻。"其义无非讲：自身的内在善心、美德是最贵重的，而身外之物则是轻而易失的。

"贵于己者"，指使人贵重而且常贵的是人的善心、德行。所以朱子说："贵于己者，谓天爵也。""赵孟"，就是晋国的执政大臣赵盾。"饱乎仁义"的"饱"为充满义。"令闻广誉施于身"中的"令"，朱子注为"善"义。"闻"，声名义。"施"，归诸义。"广誉"，美名远播义。"文绣"，喻为美服。"文"为纹理图案，"绣"为织花之锦。

十二、"不知类"：人之病在忧指不忧心

孟子曰："今有无名之指，屈而不信，非疾痛害事也。如有能信之者，则不远秦、楚之路，为指之不若人也。指不若人，则知恶之；心不若人，则不知恶，此之谓不知类也。"

（原文录于《孟子七篇·卷六·告子上·今有章》）

【译文】

孟子说："现有人，他的无名指是天生弯曲伸不直的，并不是什么大毛病，也没有什么妨碍、疼痛。但不论路有多远，哪怕是有秦国到楚国那么远，只要有人说能让他手指伸直，他就都会不远千里秦楚之路跑去求治。无非为了一根手指不如别人的好看罢了。一根手指不如别人的好看，就如此自厌；而良知与善心不如别人的好，则不知道自厌。这种人是属不知轻重那一类的人。"

【注解】

本段的道理很简单，以患一指不如人，而不患心不如人，比喻那种不知轻重大小者的愚人。因此，孟子说"不知类"。那么，"不知类"，是哪一类呢？"不知类"，"言其不知轻重之等也"。"无名之指"，即第四指。"信"，同"伸"。"不信"，即伸不直。

十三、大处着眼为大人，顾小失大狼疾人

孟子曰："拱把之桐梓，人苟欲生之，皆知所以养之者。至

人咸知脩其容莫知饰其性
不饰或衍礼正斧之藻之兑念尔
聖

顾恺之《女史箴图》（局部）

人知美容不知修性

顾恺之《女史箴图》（局部）

忧指不忧心

于身，而不知所以养之者，岂爱身不若桐梓哉？弗思甚也。"

孟子曰："人之于身也，兼所爱。兼所爱，则兼所养也。无尺寸之肤不爱焉，则无尺寸之肤不养也。所以考其善不善者，岂有他哉？于己取之而已矣。体有贵贱，有小大。无以小害大，无以贱害贵。养其小者为小人，养其大者为大人。今有场师，舍其梧槚，养其樲棘，则为贱场师焉。养其一指而失其肩背，而不知也，则为狼疾人也。饮食之人，则人贱之矣，为其养小以失大也。饮食之人无有失也，则口腹岂适为尺寸之肤哉？"（原文录于《孟子七篇·卷六·告子上·人之章》）

【曾国藩按语】人性皆善，本体也。存心养性，以复其初，工夫也。孟子之言，大抵就本体指点，而示人以致功之方。如《滕文公章》，"道性善"者，本体也；"药瞑眩"者，工夫也。《公都子章》，"非由外铄"者，本体也；"求则得之"者，工夫也。《异于禽兽章》，"几希"者，本体也；"存之"者，工夫也。《曹交章》，"可为尧舜"者，本体也；"徐行后长"者，工夫也。《人皆有不忍章》，"四端"者，本体也；"扩充"者，工夫也。自此以上十六章，皆可类推，自此以下各章，则归重工夫一边。朱子编辑之意，既已不传，而吾亡友刘君又不可作，窃以意妄测，次第如此。

【译文】

孟子说："对一棵合抱的、一把可握的桐树、梓树，人只要是想让它活下去，就都知道该如何去养护。可是对于自己的身体，却不知道怎样去养护的，难道是爱身反不如爱树吗？这简直是对自己身体不用心思到极点了。"

孟子说："人对自己的周身，都是兼而爱之的。既然是兼爱周身的，就该去养护周身。既然没有一小块皮肉是自己不爱惜的，那就不会对一小块皮肉不知道如何去养护的了。那么，如何去考量他对身体养护得好还是不好，难道还有别的办法吗？只在于自己如何权衡、选择轻重而已了。人身体的各部分固然都应珍惜，但毕竟是有重要的，有次要的；有大利害处，有利害之小处。因此，不能取小害大，不能取轻舍重。如果只知道去着重滋养那些小端、小处，就是口腹小人；而着重并珍惜求取那些大端、大处的，就是心志大人。比如，现在有一位管理林场的人，抛弃了桐树、梓树一类的高大乔木不管，而专门去培养小枣一类有针刺而不成材的小树，那他就是一个很愚蠢的养林人。作为人，如果只顾惜他的一个手指，而连自己的肩背都不去很好养护以致病废了，而且还不知道是以小害大的缘故和害处，那他就是一个像情急之下只知道顾前而不顾后的狼一样没头脑的人。对于那种只贪图饮食口腹之欲而不讲德行修养的人，大家都很低看他，因为他只知培养口腹之小体，而失培养心志之大体。如果这种专注饮食之人也没有失其大体，那么他们吃东西，难道只是为了满足那一点点皮肉增长的需要而已吗？"

【注解】

孟子在这两章里运用各种比喻，无非向人们揭示权衡轻重、大小、缓急的道理，与前论紧扣连环，进一步劝喻人们不要因小失大，以轻害重。当以仁义为重，以修身养志为大，以个人的欲望满足为轻、为小。种种比喻、层层揭剥，一步步所逼近的都是重仁义、善德这一主题。

"拱把"，赵岐注："拱"为两手合握，"把"为一手可握。形容树的粗细。"桐梓"，指桐树与梓树，都是高大乔

狼顾图

木类，喻指人的大端。文中的"所以考其善与不善者，岂有他哉？于己取之而已矣"，朱子对此句注文为："人于一身，固当兼养，然欲考其所养之善否者，惟在反之于身，以审其轻重而已矣。""体有贵贱，有小大"，朱子对此句注文为："贱而小者，口腹也；贵而大者，心志也。"赵岐注："养小则害大，养贱则害贵。小，口腹也；大，心志也。头颈，贵者也；指拇，贱者也。""场师"，赵岐、朱熹皆注为治场圃者。"梧槚（jiǎ）"，朱子注为："梧，桐也；槚，梓也，皆美材也。""樲（èr）棘"，朱子注："小枣，非美材也。"赵岐注："小棘，所谓酸枣也。"

这里不太好理解的有两处：一为"狼疾人"句，二为最末一句。对于"狼疾人"，朱子注为："狼善顾，疾则不能，故以为失肩背喻。"《四书白话注解》则注为："同狼一般的毛病，顾前不顾后。"赵岐在《孟子注疏》中则注为："此为狼藉乱，不知治疾之人也。此所以比喻养体不养其贵者，而养其贱者也""养小而失去其大也"。其实，狼并没有顾前不顾后的特性。三国时的司马懿，人称其有"狼顾"之习。"狼顾"，就是指狼有惧后之疑，因此总爱回头看后面，但只转头而不转身，因为它疑惧，所以一边头朝后看，一边身子却在准备随时向前逃跑而回头不转身。此处当喻人犹疑不定于轻重、大小之间。

对于最末一句，朱子注为："此言若使专养口腹，而能不失其大体，专口腹之养，躯命所美，不但为尺寸之肤而已。但养小之人，无不失其大者，故口腹虽所当养，而终不可以小害大、贱害贵也。"赵疏释为："如饮食之人亦无有失其养大，则口腹岂但肥长适其尺寸之肤为哉？言是亦怀仁义之道者也。"而唐驼的《四书白话注解》则释为："假使这种人也能保养心志，没有所失，那么口腹实在是性命关系，岂系为尺寸皮肉才保养呢？本来应该保养啊。"比较一下这三种界说似皆无以令人满意、明白。其实，这里的"饮食之人"是指那种只知食欲满足而不考虑心志培养的人，而绝非指一般的"饮食"。因此，至少不能对"饮食之人"做出肯定的解释，否则就等于对前面的论点进行否定之否定了，也就是等于前面的论点没说。对于并不能令人满意的各种界说，只能立此存疑吧。

笔者的浅见则是：那种只想满足个人口腹欲望的人，是不可能无所失的；而人之所以饮食也并不是只为了尺寸之肤增长一点皮肉，更不是只为满足口腹的需要，而是为了生命的延续。生命是为大，而口腹之满足、皮肉之增长是为小。只有做此种解释，才能与孟子此前所述宗旨相契合。孟子在这里无非借"饮食之人""尺寸之肤"的概念比喻小端、小体，与上文的"指"与"肩背"的比喻是同样的，而不是在专论饮食的功能与使命。而这里的"饮食之人"也是人满足私欲的一种指代而已。

十四、人心所立者大，则小不能夺

公都子问曰："钧是人也，或为大人，或为小人，何也？"

孟子曰："从其大体为大人，从其小体为小人。"

曰："钧是人也，或从其大体，或从其小体，何也？"

曰："耳目之官不思，而蔽于物，物交物，则引之而已矣。心之官则思，思则得之，不思则不得也。此天之所与我者，先立乎其大者，则其小者不能夺也。此为大人而已矣。"

（原文录于《孟子七篇·卷六·告子上·公都子章》）

【译文】

公都子向孟子问道："都是一样的人，却有的是心怀仁善光明正大的大人，有的是只知满足个人耳目口腹欲望苟苟且且的小人，这是什么原因呢？"

孟子回答道："按照仁善之心这个大体而修而行的人，便是大人；听从私欲的召唤这个小体而行的人，便是小人。"

公都子又问道："那么，都是一样的人，却有的人能追随善心、仁德而行，有的人则追随个人的耳目口腹欲念而行，这又是什么原因呢？"

孟子答道："人的耳目类器官没有思考的能力，因此为事物的声、色、形、味各种表象所蒙蔽。自身的感觉器官之物与外物一经接触，自然就会受到吸引、诱惑。但人的心就不同了，心有思考分辨的能力。凡接触外物时，心如果履行思考的功能，就会明得失而不受外物所蔽；心如果不去思考，只凭感官去认识，就一定会受外物表象所惑而有所失。耳、目、心三者都是天赋于人的。但在三者中，耳、目显然为小，心则为大。一个人如果先立心志之大者，那么耳、目、口、鼻这些小端就不会被声色犬马这些外物所迷惑，而动摇人的善心、仁德，也自然就成为大人了。"

【注解】

本章主旨意在说明人的修养功夫决定人的品位高低，还是接着前面讲人的大小、贵贱，在己不在人，在心不在物，在内不在外。一切都在于你本人内心怎样。怎样用心。或者说用什么心，你就是怎样的人。

文中的"心之官则思"以下，朱子注为："官之为言司也（"官"字的含义是所司之职守、功能，"司"为主管义）。

耳司听，目司视，各有所职而不能司，是以蔽于外物。既不能思而蔽于外物，则亦一物而已。又以外物交于此物，其引之而去不难矣。心则能思，而以思为职。凡事物之来，心得其职，则得其理，而物不能蔽；失其职，则不得其理，而物来蔽之。此三者（耳、目、心），皆天之所以与我者，而心为大。若能有以立之，则事无不思，而耳目之欲不能夺之矣。此所以为大人也。……范浚《心箴》曰：'茫茫堪舆（天地），俯仰无垠。人于其间，眇然有身。是身之微，太仓稊米。参为三才（天、地、人），曰惟心耳。往古来今，孰无此心？心为形役，乃兽乃禽。惟口耳目，手足动静。投间抵隙，为厥心病。一心之微，众欲攻之。其与存者，呜呼几希！君子存诚，克念克敬。天君泰然，百体从令。'"

赵岐在《孟子注疏》中注称："孟子曰，人有耳目之官不思，故为物所蔽。官，精神所在也。谓人有五官六腑，物，事也。利欲之事来交，引其精神，心官不思善，故失其道而设为小人也。此乃天所与人情性。先立乎其大者，谓生而有善性也。小者，情欲也。善胜恶，则恶不能夺之而已矣。"

孙奭在《孟子注疏》中疏称："此章言天与人性，先立其大，心官思之，邪不垂越，故谓之大人者也。""耳目主视听，是以为官者也；心君主官者也。亦谓其官者，以其亦主思故，亦谓官矣。荀子云：心，君也。房中虚而治五官者，也是以心思之大者，而小者不能夺，其耳目不为利欲之所蔽。此所以从其大体而为大人也。彼小人者，以其不思而为利欲所蔽故也。"

"大体"，心，喻指人的良善、仁义、道德。"小体"，耳目，代指人的各种感官，喻指人的利欲之望。"官"，本段有二义：一为职司，如耳、目是管听、视的；二为主宰义，如心就是五官的君主，是管五官的，而心的职司则是管思考的。

十五、成其良心正途，无非收其走失之心而已

孟子曰："仁，人心也；义，人路也。舍其路而弗由，放其心而不知求，哀哉！人有鸡犬放，则知求之；有放心，而不知求。学问之道无他，求其放心而已矣。"（原文录于《孟子七篇·卷六·告子上·仁人章》）

【译文】

孟子说："所谓'仁'，无非指人的善良之心；所谓'义'，无非指人应该去走的正途。人如果放弃仁义而不走正路，丢掉了善心而不去找回来，悲哀啊！人养的鸡、狗跑丢了，都知道去把它们寻找回来，怎么能把自己善良的本心丢掉了，却不知道去把它寻找回来呢？而人求得修身养性之学问的办法，无非把丢掉了的善心寻找回来罢了。"

【注解】

孟子在本章讲的道理非常明白：守仁心，行义路。一个人的仁义，无非表现在人的心地是否善良，在行为上是否走正路这两条。人们问道寻学，修身养性的根本办法，无非把已经走失的人性善寻找收拢回来。正如赵岐在"注疏"中所说："人知求其鸡犬，莫知求其心者，惑也。学问所以求之矣。"而孙奭在"注疏"中则说："此章言由路求心为得其本；追逐鸡犬，务其末也。学以求之详矣。""能求放心则仁义存矣，以其人之所以学问者，亦以精此仁义也。"朱子在此章注中说："学问之事，固非一端，然其道在于求其放心而已。盖能如是则志气清明、义理昭著，而可以上达，不然则昏昧放逸，

虽曰从事于学，而终不能有此发明矣。故程子曰：'圣人千言万语，只是欲人将已放之心约之，使反复入身来，自能寻向上去，下学而上达也。'此乃孟子开示切要之道，程子又发明之，曲尽其指，学者宜服膺而勿失也。"

"仁、义"，朱子注为："仁者心之德，程子所谓心如谷种，仁则其生之性，是也。然但谓之仁，则人不知其切于己，故反而名之曰人心，则可以见其为此身酬酢万变之主，而不可须臾失矣。义者行事之宜，谓之人路，则可以见其为出入往来必由之道，而不可须臾舍矣。""鸡犬"，程子注为："心至重，鸡犬至轻。""求"，为寻找收回义。"放心"，游走于仁善之外的种种欲望之心，是谓"走失之心"，如脱缰出笼失控的心猿意马，因此称"放"。

十六、养心莫善于寡欲

孟子曰："养心莫善于寡欲。其为人也寡欲，虽有不存焉者，寡矣；其为人也多欲，虽有存焉者，寡矣。"（原文录于《孟子七篇·卷七·尽心下·养心章》）

【译文】

孟子说："培养善良心性的办法，没有比减少与节制自己那些个人私欲奢望更好的了。如果一个人平时就没有许多私欲，那么即使心中仍有不合天理的东西存在，也一定是很少的了。如果一个人平时的欲望总是很多，那么即使心中本来存有的天理，也不会很多。"

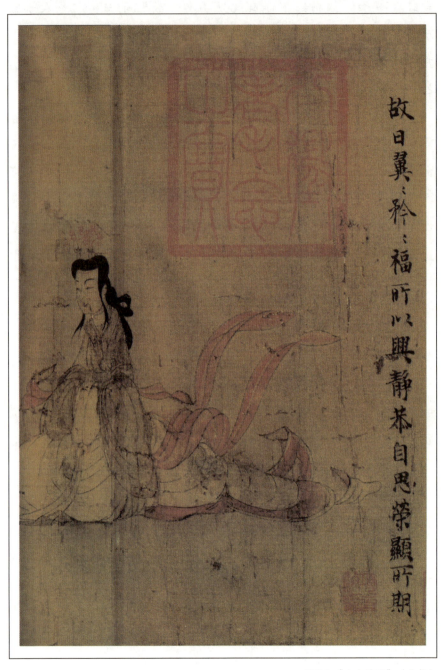

故曰冀冀矜矜福所以興靜恭自思榮顯所期

顾恺之《女史箴图》（局部）

静恭自思荣显所期

【注解】

本章的宗旨，是告诉人们养心的办法是减少自己种种与善心、义理不合的私欲。本章在《孟子》七篇中的地位并不显赫，排列于最后一篇的后半部分，也只有三十几个字。但朱子之所以把此章编排到了"要略"中的第一章，除了此处论述人性层次的逻辑需要外，很重要的一点是因为这一段与程朱理学"存天理，灭人欲"的大旨相合。因此程子说："所欲不必沉溺，只有所向便是欲。"多严格啊？是只要有一点萌芽就要斩草除根的意思。而朱子则注道："欲，如口鼻耳目四肢之欲，虽人之所不能无，然多所不节（制），未有不（因此而）失其本心者，学者所当深戒者也。"

赵岐所注，"养"，治也，"欲"，利欲也。"虽有少欲而亡者谓遭横暴……然亦寡矣。""贪而不亡，蒙先人德业……然亦少夫。"孙奭疏称："此章言清静寡欲，德之高者；蓄聚积实秽行之下。廉者招福，浊者速祸，虽有不然，盖非常道，是以正路不可不由也。""荀子云养心莫善于诚盖亦与此。孟子同其旨也。"此章中的"存"字，古今释者赋其二义：其一，祸福所关的存亡之存；其二，义理天性的留存。

十七、有赤子之心者可为大人

孟子曰："大人者，不失其赤子之心者也。"（原文录于《孟子七篇·卷四·离娄下·赤子章》）

【译文】

孟子说："那些通达者之所以成其通达，无不是因为拥有一颗像小孩子那样真诚无伪之心而已。"

【注解】

孟子在本章所讲之微言大义为，教人以真诚无伪、天生向善之心而成其大，而求其通达。朱子注："大人之心，通达万变；赤子之心，则纯一无伪而已。然大人之所以为大人，正以其不为物诱，而有以全其纯一无伪之本然。是以扩而充之，则无所不知，无所不能，而极其大也。"朱子此言，只可为文注而已，距人性、生活之实际太远了。

观如过江之鲫、恒河之沙、舆地之草般的芸芸众生，几人不为物诱？而何人又得保其纯一无伪之心？因此愈言无伪时节，人心已愈伪；越强调真诚之时，人心已越是无诚。人一步入成年之列，就再无以言清纯如一，至诚无伪了。这正是人类的悲哀之处，也正是于社会生活中得以求生存的无奈之所在。也正由于谁也不愿意挣扎于心机重重的泥潭、陷阱边缘，所以人们盛称赤子之心。就连西方人也多言，小孩子一旦生出了胡须，便不再清纯可爱了。不是说他年龄长了，生出胡须了不可爱，而是讲随着年龄的增长，童心便渐次消退了。

个人的成长是如此，人类社会的发展进程又何尝不是如此呢？在人类草昧自然经济的黄金时代，自无"赤子之心、诚心、善心、恶心"之概念。人心之复杂乃是随着社会之复杂而衍生的。而又由人心之复杂而令社会更复杂，社会之复杂又令人心愈复杂。如此不得扼制的往复恶性循环，天下便将纷乱到无可收拾之地步。因此，无朝不讲忠诚无伪，无代不倡仁义当先。这也许正是孔孟之道得以逾两千年而不泯的根本原因吧。倘人人如赤子，而又何须国家？倘国家、社会皆如赤子，而人心又何须伪变万千？倘人人都是君子、圣人，而又何须孔孟之言？

赵岐的《孟子注疏》在此段下注称："大人谓君。国君视民当如赤子，不失其民心之谓也。一说曰：赤子，婴儿也，少小之心，专一未变化。人能不失其赤子时心，则为贞正大人也。"孙奭疏称："此章言人之所爱，莫过赤子。所谓视民如子，则民怀之者也。"其称孟子的大人之说与老子的所谓"常德不离，复归于婴儿"之意同。

十八、唯心之达观可令生命各得其所

孟子曰："形色，天性也。惟圣人然后可以践形。"（原文录于《孟子七篇·卷七·尽心上·形色章》）

【译文】

孟子说："人的身体形态与容貌都是先天的禀赋。而人的形色是千差万别的，只有进入圣人的境地，然后才可以不受到这些差别的限制，而让生命各得其所。"

【注解】

这一章孟子主述生命的履践。他认为，人生来都具有天赋的形态与容貌，这些都各秉天性。只有有德明达的圣人才能让人的各种天性各得其所。赵岐注："形为君子体貌尊严也"，"貌色为妇人妖丽之容"，"此皆天假施于人也"，只有圣人"内外文明然，能以正道履居此美形"。孙奭疏称："人之形与色皆天所赋，性所有也。唯独圣人能尽其天性，然后可以践形而履之，不为形之所累矣。""故体性以践目之形，而得于性之明；践耳之形，而得于性之聪；以至践肝之形以为仁，践肺之形以为义，践心之形以通于神明。几于百骸九窍五脏之形，各有所践也，故能以七尺之躯，方寸之微，六通四辟，其运无乎不在。此其所以为圣人与然。"

孙奭接下来提了一个很有意思的问题：形与色都是人的天赋之性，孟子为什么只提"践形"而不讲"践色"呢？他的解释是："形则一定而不易者也。色则有喜怒哀乐之变，以其无常者也，不可以践之矣。"

"践形"，朱子注称："人之有形有色，无不各有自然之理，所谓天性也。践，如践言之践。盖众人有是形，而不能尽其理，故无以践其形；唯圣人有是形，而又能尽其理，然后可以践其形而无歉也。"程子注称："此言圣人尽得人道而能充其形也。"杨氏注称："天生烝民，有物有则。物者，形色也。则者，性也。各尽其则，则可以践形矣。"

纵观对于孟子这段话的上述注疏，似乎可以这样理解：上天赋予人两种禀赋：其一，为物质之身形；其二，为表达人之情感的容貌。身体的各部分都有各自的使命与特性，只有把握好了，让它们各得其所、各尽其性，人才能达到完美之境，才没有辜负上天这种美好的赋予。而人的容貌及其表达的各种情感尽管变化不定，但也不是可以滥用，有违其天性的，否则同样会影响到一个人的生命践履状态。尽管孟子没讲如何去"践色"，但毕竟讲了人的形、色都是自然所赋的天性，而凡天性都有各自当施用之处的道理规定，同样是不可违逆的，否则同样会受到惩罚。诸如利用人的容貌优势去达到个人目的；利用身体的强壮去违法凌人；滥用自己的情绪，加人于颜色、于挫辱，都会给他人和自己造成伤害。

十九、处世铁律：反身而诚、强恕而行

孟子曰："万物皆备于我矣。反身而诚，乐莫大焉。强恕而行，求仁莫近焉。"（原文录于《孟子七篇·卷七·尽心

上·万物章》）

【译文】

孟子说："天下万物之理都聚于人的灵性之中。一个人如果在每天接触事物时，都能先省察自身，而依万物各具之理去为人处世，一切诚而不欺，实而不虚，那还有什么比这更快乐的呢？如果遇到不如意之人事，也不强迫他人、难为他人，而是将心比心、推己及人，去强迫自己宽容行事，那么求得仁德之路，还有什么比这更接近的呢？"

【注解】

本段劝人自诚强恕而行，可乐有余而仁可得。孙奭疏称："以其外物为乐，则所乐在物不在于我，故为乐以小；以内为乐，则所乐在己不在物，其为乐也大。"朱子注："此章言万物之理具于吾身，体之而实，则道在我而乐有余；行之以恕，则私不容而仁可得。"

孟子这段话，实际上讲的是"知行观"。对于今人为人处世是很有应用价值的。"万物皆备于我"，不是供你役使、享用的，而是说天下万事万物，都有不以人的意志为转移的，各自生存的天性，运行的规则，都有待于人去认识、掌握、备知。这是"知"。知以后则须行二事：其一，"反身而诚"。要以这些道理反省自己是否按照人之天性、物性事理去行动，是否诚而无伪，实而不虚。其二，"强恕而行"。人的内心都有率性，都有自己的意志，喜于从自我出发；外部事物与他人也各有天性、个性、规律。当二者发生矛盾，有违自己的愿望与意志时，可以违背自己的意志，但不可拂逆人意。因为人能改变自己的行为，但无力去改变外物的法则、规律。所以人只有按外物的法则、规律去行为，学会勉强自己，宽恕他人，而能处处省察自我，严于律己。这样才能既无烦恼，又接近仁德、善良的本性。

人不仅需要有自知之明，还需要有知人、知事、知物之明；人可以拂己意，不可以拂人意、拂天性。否则便会处处遭遇反动，处逆难行而烦恼不已。这是为人处世的法则铁律。世人多烦恼，其实无非于人我、天人之际一念之间。所谓"峰回路转"，实际上是讲路随峰转。"山不转水转"，才可周流八方，通达大海。人也只有随着山形、山势的自然之势与变化去走路才走得通。以天下之大而无直路可走，是因人为后天所生，且无以让先天而在的群山为你开路啊！如果想去学愚公移山，那就真的是愚不可及了。正入万山圈子里，一山放过一山拦。其实，这又有什么不好呢？就当是游山玩水、陶冶性情吧。也只有如此去"强恕"，才有"乐莫大焉"可言，否则便只有"苦海无边"了，那又何苦呢？有道是境由心造，生活有时需要一点唯心才行。而能"由心造境"者，则为人世之大智慧者，诸君不妨一试。

"物"，事。"我"，自身。"反"，反思自身所行。"强恕"，自我强制行忠恕。

二十、存善心守天道为安身立命之本

孟子曰："尽其心者，知其性也。知其性，则知天矣。存其心，养其性，所以事天也。夭寿不贰，修身以俟之，所以立命也。"（原文录于《孟子七篇·卷七·尽心上·尽心章》）

【译文】

孟子说："人如果能极用心地去思考，就会明白人性本善的种种道理。知道了人性善的道理，也便知晓天道了。如果能坚守善心，不违人的本性，也便与天道不相违了。不论人的寿命长短，都坚守人的本性不改，一心一意地去完善自己，顺其自然以待生死而不强求，这正是人得以安身立命的根本。"

【注解】

孟子在本章讲的是人的安身立命之道，在于用心去知人性、明天道；然后依此去守善心、行仁义而不改，不去计较寿命的长短，都初衷不改一心一意地去修其身、养其性，顺人应天而已。

"贰"，赵岐注："仁人之行，一度而已。虽见前人或天或寿，终无二心改易其道。天若颜渊、寿若邵公皆归之命。修正其身，以待天命，此所以立命之本。"孙奭疏称："此章言尽心端性足以承天。天寿祸福秉心不违。立命之道惟是为珍者也。""商书云我生不有命在天，是其意也。"

朱子在《四书章句集注》中注称："心者，人之神明，所以具众理而应万事者也。性则心之所具之理，而天又理之所从以出者也。人有是心，莫非全体，然不穷理，则有所蔽而无以尽乎此心之量……以大学之序言之，知性则格物之谓，尽心则知至之谓也。""存"，为操而不舍。"养"，谓顺而不害。"事"，则奉承而不违也。"贰"，疑。"不贰"者，知天之至，修身以俟死，则事天以终身也。"立命"，谓全其天之所付，不以人为害之。

程子注称："心也、性也、天也，一理也。自理而言谓之天，自禀受而言谓之性，自存诸人而言谓之心。"张子说：

"由太虚，有天之名；由气化，有道之名；合虚与气，有性之名；合性与知觉，有心之名。"朱子称："愚谓尽心知性而知天，所以造其理也；存心养性，所以履其事也。不知其理，固不能履其事；然徒造其理而不履其事，则亦无以有诸己矣。"

此为《孟子》尽心篇的开篇首章，但朱子把它移到此处，实为承接前文。比前文更深一层次地论述天人之性、之道。观"要略"之前后逻辑层次，朱子不但是大学问家，亦足称"大编辑家"。经其手重予编次，便立使分飞之鸟顿成雁阵之序；散落之珠，经其一以贯之，便顿为连城之宝链。此非斫轮之高手，经纬之大才具，无以成其美奂者。此章无非教人尽心以格物，格物以穷理，穷理以导行，行践履以天人之本性，方可安身立命而成其大者，·而不为小人长戚戚之态。而下章也是朱子颠倒原书之编次，而辑措于此，更深一层地讲述安身立命之道。

二十一、自得之道可左右逢源

孟子曰："君子深造之以道，欲其自得之也。自得之则居之安，居之安则资之深，资之深则取之左右逢其原，故君子欲其自得之也。"（原文录于《孟子七篇·卷四·离娄下·君子章》）

【译文】

孟子说："君子若要在天道人性上的学问得以深造，就要自己去体悟，将所悟之理存于自己心中，这道理才能安居不移。只有安居不移，才会使所积之资本日深，遇事才会游刃有余；按这道理去办，便自会左右逢源，而无穷尽窘迫。因此，君子修身悟道还是要顺其自然地从自身的切悟中去自得。"

【注解】

孟子这段是告诉人们：若要在天道人性方面有所深造，就要去遵循这天道人性之理，久而久之，便扎根在心里不可动摇，内化为自身的理念。这样就会使你受益无穷，多所借助，处事便会游刃有余，左右逢源。

朱子在《孟子集注》中注："造"，为造诣，"深造"为进而不已之义；"道"，"其进为之方也"；"资"，借；"左右"，身之两旁；"逢"，值；"原"，本，水之来处。"自得"，程子注："学不言而自得者，乃自得也。有安排布置者，皆非自得也。然必潜心积虑，优游餍饫于其间，然后可以有得。若急迫求之，则是私己而已，终不足以得之。""左右逢其原"，赵岐注："左右取之所逢遇皆知其原本。"

二十二、做人贵心居仁而行由义

王子垫问曰："士何事？"孟子曰："尚志。"曰："何谓尚志？"曰："仁义而已矣。杀一无罪，非仁也；非其有而取之，非义也。居恶在？仁是也。路恶在？义是也。居仁由义，大人之事备矣。"（原文录于《孟子七篇·卷七·尽心上·王子章》）

【译文】

齐王的儿子垫问孟子："士人是干什么的呢？"孟子回答道："是高尚自己心志的。"垫又问道："什么是高尚的心志呢？"孟子回答道："就是行仁义啊。杀一个无罪的人，这是不仁的；不属于他的也去拿来，这是不义的。这些事他们是不做的。那么，他们心居于何处呢?在于仁上。他们的行为之路在何处呢？在于以义行事。他们有了仁心、义为这两个方面的善端，就具备了为大人之大事的根本了。"

【注解】

这位发问的王子显然还很幼稚，看到那些闲士既不务农，也不经商，就在想他们是干什么的呢？或者在问孟子，一个士人应该做什么呢？孟子便告诉他：这些人虽不务农工商贾，但他们是在修养自身的仁义、道德，他们是一群将来能做大人之大事的人。因为他们虽然还没职位官阶，但只要有仁心，走义路，就已具备条件了。而孟子之意显然是在劝导王子学仁义，至善端。

总有点强词夺理的感觉，令人很不舒服。但为人仁心是不可缺的；做事则是不可不行义路的。这也许就是今人所言之品行兼优吧！

朱子注："上则公卿大夫，下则农工商贾，皆有所事；而士居其间，独无所事，故王子问之也。""尚志"："尚"，高尚也；"志"，心之所之也。"大人"，公卿大夫。

此段费解的是"居恶在？仁是也。路恶在？义是也"句。孙奭疏称："如此非仁非义者，亦以所居有恶疾在于仁；所行有恶疾在于义是也。"这显然与朱子的注解有所不同。现录于此，供读者参考。

二十三、矢人、函人、弓人与射者

孟子曰："矢人岂不仁于函人哉？矢人惟恐不伤人，函人惟恐伤人。巫、匠亦然。故术不可不慎也。孔子曰：'里仁为美。择不处仁，焉得智？'夫仁，天之尊爵也，人之安宅也。莫之御而不仁，是不智也。不仁不智，无礼无义，人役也。人役而耻为役，由弓人而耻为弓，矢人而耻为矢也。如耻之，莫如为仁。仁者如射，射者正己而后发，发而不中，不怨胜己者，反求诸己而已矣。"（原文录于《孟子七篇·卷二·公孙丑上·矢人章》）

【译文】

孟子说："怎能说造箭者没有造铠甲者仁善呢？尽管造箭的人唯恐箭不利而不能伤人，造铠甲的人唯恐铠甲不坚而伤人，但这是他们各自的职业规定。就和治病的巫医希望救人与造棺材的木匠希望有人买他的货一样，怎么能因此而说他们哪个善良不善良呢？职业与技术使然。因此，选择学术、专业不可不慎重。孔子说过：'乡里风俗仁厚的地方犹以为美，做人如果不能选择处于善处，岂能说是智举啊？'仁是天赋予人的尊贵，也是人得以安身立命之处所啊！这是天赐的，他人莫能止夺危害。而人不知此理，没有什么自立自为的本事，又不肯去为仁，这是不明智的。那些不仁、不智，不懂礼义的人，也只有被他人役使的命运。而他处于被役使的地位时，又不去好好做，而耻于为役，就和造弓的人造弓，制箭的人耻于制箭一样。这种治于其事而耻为其业真是不可思议。如果以被役使为耻，还不如早把功夫下在仁上，则可免其为役。仁善之道就如同较射之道。射箭的人先端正自身射姿而后发箭，即使射不中靶子，也不怨超过自己的人，而是反躬自省，自责技不如人罢了。"

射九重鼓图

释迦掷象图

　　传说，释迦牟尼青年时力大无穷，可以一箭射穿九重铁鼓，还能把一头大象举起来扔到城外。

【注解】

孟子此段主要是劝人要抓住处仁为善，明智慎择，才可以免除被役使的命运。

"矢人"，造箭者。"函人"，制铠甲者。"弓人"，造弓者。"射者"，参加射箭比赛者。"巫匠"："巫"，古代医者；"匠"，做棺材的木匠。这六种人的比喻，主要劝人学术、专业、择业一定要慎重。业虽不同，但做人不能学矢人，匠者。矢人以伤人之深为本，匠者以死人而得利。做人应学函人、医者。函人以护人之坚为本，医者以救人活人为本。而人际之间、职场之上的竞争，则当学那些有德行的射手。先正自身后发射，厚积而薄发；射不中靶子，不怨风大，不怨靶子偏；输给了对手不怨人强，而是反省自己的失误与技不如人。

二十四、有终身之忧者，自无一朝之患

孟子曰："君子所以异于人者，以其存心也。君子以仁存心，以礼存心。仁者爱人，有礼者敬人。爱人者，人恒爱之；敬人者，人恒敬之。有人于此，其待我以横逆，则君子必自反也：我必不仁也，必无礼也，此物奚宜至哉？其自反而仁矣，自反而有礼矣，其横逆由是也，君子必自反也：我必不忠。自反而忠矣，其横逆由是也，君子曰：'此亦妄人也已矣。如此，则与禽兽奚择哉？于禽兽又何难焉？'是故君子有终身之忧，无一朝之患也。乃若所忧则有之：舜，人也；我，亦人也。舜为法于天下，可传于后世，我由未免为乡人也，是则可忧也。忧之如何？如舜而已矣。若夫君子所患则亡矣。非仁无为也，非礼无行也。如有一朝之患，则君子不患矣。"（原文录于《孟子七篇·卷四·离娄下·君子章》）

【译文】

孟子说:"君子与常人的不同之处,在于他存善于心。君子以仁存于心,以礼存于心。他懂得仁并以仁爱之心待人,懂得礼并以礼义待人、尊敬他人。因此,凡以仁爱待人者,别人自然常以仁爱之心待你;礼敬他人者,他人也自然常礼敬于你。如果有人在这里,他待我以横暴无礼,那么君子之人一定会去反思自己,一定是自己待人不仁,一定是自己对人不敬,否则这样的事怎么会临到我的头上呢?而自己虽然在自省后对他很礼敬了,但他仍旧和以前一样无道无礼,君子之人一定会进一步反省自己,肯定是自己没做到诚心尽意。在自省后进一步诚心诚意地去善待他,他仍旧横暴无礼,君子也没必要和他计较,只是说:'这不过是一个狂妄的人罢了,这种人与禽兽有什么分别呢?我为什么要去和禽兽计较呢?'因此,君子只有对终身大计的忧虑,而没有随时而来的祸患、烦恼。如果说他还有所忧,那就是忧自己不如圣人。舜是人,我也是人。舜可以成为天下效法的榜样,并流传后世,而我不过如乡下的平常人而已。这就是君子忧虑的。那么,忧虑又该怎样呢?还是去学舜的仁善吧。这样就会和君子一样,那些小烦恼与祸患自然也就不存在了。不仁义的事不去做,缺少礼敬的事不去为。即使有那些随时而来的不如意的事,君子也自然不会计较的了。"

【注解】

此段是孟子教人以仁善为做人之根本,以礼敬为待人之道理,自然会受到他人的同等礼遇。如果能够长远地(终身)忧虑于做人的根本,像舜那样去行为,那么自然便少去许多随时(一朝)而来的祸患与烦恼。

朱子注:"横逆",强暴不顺理;"物",事;"忠",

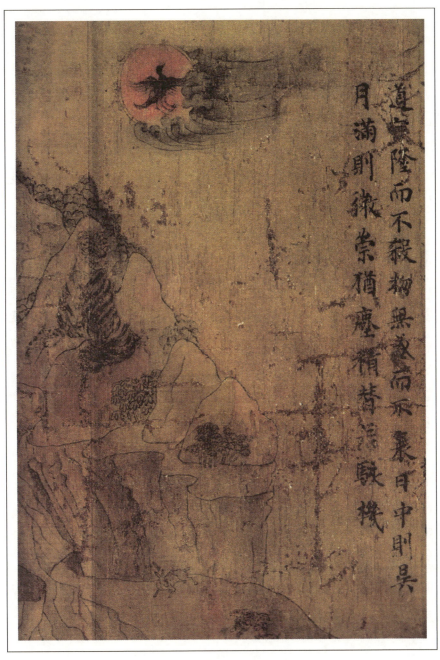

日中则昃，月满则亏

尽己；"奚择"，何异；"又何难"，不足与较；"乡人"，乡里常人。

二十五、反求诸己，身正多福，天下归心

孟子曰："爱人不亲，反其仁；治人不治，反其智；礼人不答，反其敬。行有不得者皆反求诸己，其身正而天下归之。《诗》云：'永言配命，自求多福。'"（原文录于《孟子七篇·卷四·离娄上·爱人章》）

【译文】

孟子说："自己以爱心待人，而人不与己亲近，那就应该反思自己是否真的做到了仁善的程度；治人而不服治，就应该反思自己做的是否智慧不够、艺术不到；以礼待人而人不还以礼，就应该反思自己是否敬人。凡是自己做了而达不到预期的效果时，都应该反躬自省不足。自身正，天下人自会归心于你。《诗经》上说：'说出话来常合天理，自会寻求到多福。'"

【注解】

孟子在这里主要教人为人处世之道，凡不如己意处都要先从自身上找毛病、找不足。正身做到位了，自身正了，自然天下归心，自得多福。

朱子注："不得"，谓不得其所欲；"反求诸己"，谓反其仁、反其智、反其敬也，要从自身找不足之处。

二十六、苦、劳、饿、空，然后知生于忧患

孟子曰："舜发于畎亩之中，傅说举于版筑之间，胶鬲举于鱼盐之中，管夷吾举于士，孙叔敖举于海，百里奚举于市。故天将降大任于是人也，必先苦其心志，劳其筋骨，饿其体肤，空乏其身，行拂乱其所为，所以动心忍性，曾益其所不能。人恒过，然后能改；困于心，衡于虑，而后作；征于色，发于声，而后喻。入则无法家拂士，出则无敌国外患者，国恒亡。然后知生于忧患而死于安乐也。"（原文录于《孟子七篇·卷六·告子下·舜发章》）

【曾国藩按语】 程子曰："自舜发于畎亩以下，若要熟也，须从这里过。"尹氏曰："言困穷拂郁，能坚人之志，而熟人之仁。以安乐失之者多矣。"孟子之意，欲人明于穷通顺逆，乃屈伸自然之常。但处安顺者，易以盛满致咎；处困穷者，易以惕厉致福耳。朱子编此章于"要略"首卷意，谓不仁者，不可以久处约；能动忍困衡，以处穷约，正其强勉以存养本心也。自此以下各章，皆承强勉以存本心之意。

【译文】

孟子说："舜帝发迹于田垄耕种之中，商高宗的宰相傅说被举荐于筑墙的役夫之中，周文王的名臣胶鬲被识拔于鱼盐贩夫之中，齐桓公的宰相管仲被委任于士人囚徒中，楚庄王的宰相孙叔敖被选任于险远深隐的海滨，秦穆公的宰相百里奚被发现于交易货物的集市上。因此说上天要想加委大任于这个人，必定要使其心志受苦，使其筋骨服得辛劳，使其皮肉受得

饥饿，使其身家一无所有，使其所为之事与其意愿相违不得顺遂，以种种困苦逆境来激励他的心志，使他坚忍不拔，增加他所缺少的、不能够的才能。人常常是有了过失的教训，然后才能改正缺点；心计处于困顿，所谋不顺，才会有所振作有新的思路而奋起，其忧苦只有达到面有悴色、闻其慨音，他才会对大道至理有所顿悟。一个国家如果处于内无严以奉法和敢于直言辅佐的耿介之臣，外无可以构成威胁的敌国对手的忧患，那么这个国家常常会因此而灭亡。在经历了这些之后，才会真正知道生于忧患而死于安乐的道理之所在。"

【注解】

孟子在这里主要论述了"生于忧患，死于安乐"的道理。无论个人与国家，处于过分的安顺之中未必是好事，处于艰难困厄之中未必是坏事。安乐与顺遂常常让人既丧失警患之心，也丧失心志；艰难困厄则常常成为反向激励的动力，让人不敢松懈自安，而直至奋起向上。尤其是，艰难困厄能磨炼人的意志、耐力，增长人的才能的观点，很有益于人的成长。

朱子注："降大任"，使之任大事也；"空"，穷也；"乏"，绝也；"拂"，戾也，言使之所为不遂，多背戾也；"动心忍性"，谓悚动其心，坚忍其性也；"衡"，同"横"，不顺也；"恒"，常也，犹言大率也；"作"，奋起也；"征"，验也；"喻"，晓也。此又言中人之性，常必有过，然后能改。盖不能谨于平日，故必事事穷蹙，以致困于心，横于虑，然后能奋发而兴起；不能烛于几微，故必事理暴著，以致验于人之色，发于人之声，然后能警悟而通晓也。"法家"，法度之世臣也。"拂士"，辅弼之贤士也。

上古时期帝王虞舜

商朝宰相付说

西周贤臣胶鬲

齐国宰相管仲

楚国令尹孙叔敖

秦国宰相百里奚（图左）

孟子所列起于忧患的六圣贤图

管夫人绘画图

"征于色，发于声"，赵岐注："征验见于颜色，若屈原憔悴，渔父见而怪之；发于声而后喻，若宁戚商歌，桓公异之。是而已矣。"孙奭疏此句为："人常以过谬，然后更改而迁善；因瘁于心而无所通，则其操心也危；横塞其虑，而思虑无所达，而后乃能兴作。其大憔悴枯槁之容而验于色，而后有吟咏叹息之气而发于声，则人见其色、闻其声，而后喻晓其所为矣。"

二十七、守善心、行仁义，人道足于此两端

孟子曰："无为其所不为，无欲其所不欲，如此而已矣。"（原文录于《孟子七篇·卷七·尽心上·无为章》）

【译文】

孟子说："不要去做那些有违于良知的事，不要去满足那些不符合仁善本性的欲念，能做到如此这样，就足以符合人道了。"

【注解】

一般认为这一段是在劝勉人维持羞恶之心，不断扩充人的善之本性。但后人注家之义稍有不同。其一，认为这是个人自我节制的事。如朱子注称："李氏曰：'有所不为不欲，人皆有是心也。至于私意一萌，而不能以礼义制之，则为所不为，欲所不欲者多矣。能反是心，则所谓扩充其羞恶之心者，而义不可胜用矣，故曰如此而已矣。'"今人也有译为不要做自己不想做的事，不要希望得到自己不该得到的东西。其二，认为这是教人己所不欲，勿施于人的。如赵岐注称："无使人为己所不欲为者，

无使人欲己之所不欲者，每以身先之，如此则人道足也。"孙奭疏称："此章言己所不欲，勿施于人，仲尼之道也。孟子言人无为其所不为，以其所不为者不义也；无欲其所不欲者，以其不欲为不善也。人能无为不义，又不欲其所不善，则人道于是足矣。故曰如此也。"无论后人如何注译，但孟子在这里教人守善良之本性，行仁义之事的主旨是无异议的。

二十八、天下事成于"专""恒"两字，而正不胜邪则源于本能

　　孟子曰："无或乎王之不智也。虽有天下易生之物也，一日暴之，十日寒之，未有能生者也。吾见亦罕矣，吾退而寒之者至矣。吾如有萌焉何哉？今夫弈之为数，小数也；不专心致志，则不得也。弈秋，通国之善弈者也。使弈秋诲二人弈，其一人专心致志，惟弈秋之为听。一人虽听之，一心以为有鸿鹄将至，思援弓缴而射之，虽与之俱学，弗若之矣。为是其智弗若与？曰：非然也。"（原文录于《孟子七篇·卷六·告子上·无或章》）

【译文】

　　孟子说："不要怀疑大王的智慧不够。虽然有天底下最容易生长的植物，但是如果晒它一天，冻它十天，那它也无法生长。我和大王相见的时候是很少的，虽然我是以'温'辅佐大王的，但我一离开，那些'寒'的奸臣小人就围上来向大王进谗言，出不仁义的主意。我虽有'一暴'之温，又怎禁得这'十寒'呢？我虽然很想让齐王萌生善心行仁政，但又有什么办法呢？现在我们以学下棋为例吧。棋艺虽然是小技一桩，却

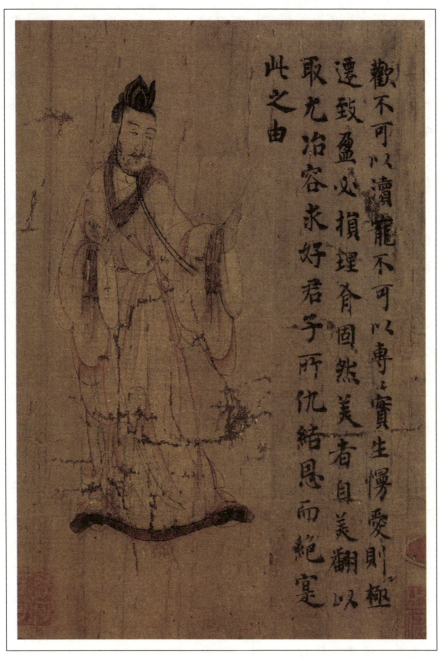

顾恺之《女史箴图》（局部）

仇结恩绝于渎欢专宠

不是三心二意者所能学到的。有一个叫作秋的棋人，当称'国手'，让他教两个人棋艺。其中的一个人专心致志、心无旁骛地听秋师的讲授。另一个人虽然样子也像在听讲，但在一门心思地想着天上该有天鹅飞来了吧，总想着拿弓箭去射它。虽然他与第一个人同学于秋，但棋艺总比不上那个人。是因为他的智力不如那个人吗？不是的，而是他用心不专的缘故。"

【注解】

本段是孟子的一篇"明心录"：齐国不行仁政，有人说是齐王的智力不足，是因为孟子离开齐国，不辅佐他。因此，孟子讲了这番话，一以自白，二以劝人专心于事。孟子虽然以小技之得失而喻大道之存亡，却对人的成功成事很有启示意义。西方现代心理学也认为，人的专注力可以弥补人的智力之不足。天下事成者不只需要有智慧。再聪明的人如不肯专心致志于一事，不持之以恒，而是一曝十寒，三天打鱼，两天晒网，也是不行的，就是小事也是办不成的。天下事自成于"专""恒"二字，当为不谬之定理。而以多寡论正不胜邪，则不尽然，而凡涉人性本能之欲求，则常常有众不敌寡之时。

朱子注："或"，与"惑"同，疑怪也；"王"，疑指齐王；"暴"，温之也。"我见王之时少，犹一日暴之也；我退则谄谀杂进之日多，是十日寒之也。虽有萌蘖之生，我亦安能如之何哉？""弈"，围棋也。"数"，技也。"弈秋"，善弈者名秋。并引程子语称："程子为讲官，言于上曰：'人主一日之间，接贤士大夫之时多，亲宦官宫妾之时少，则可以涵养气质，而熏陶德行。'时不能用，识者恨之。范氏曰：'人君之心，惟在所养。君子养之以善则智，小人养之以恶则愚。然贤人易疏，小人易亲，是以寡不能胜众，正不能胜邪。自古

汉画像砖

思援弓缴而射之

《弈谱》插图

今夫弈之为术

弈棋小术也，不专心致志则不得也。

国家治日常少，而乱日常多，盖以此也。'"

观范氏之言，可谓大道至理，但"贤人易疏，小人易亲"并非由寡众而定，亦非正不胜邪。小人所言，多迎合人心之本能所欲求，而常人多以本能的支配力所是听，这正是邪可胜正、众不敌寡、一言可兴邦、一人可亡国，直令英雄气短、壮士扼腕的根本之所在。

二十九、杯水不胜车薪而无改于水火之性

孟子曰："仁之胜不仁也，犹水胜火。今之为仁者，犹以一杯水，救一车薪之火也；不熄，则谓之水不胜火，此又与于不仁之甚者也，亦终必亡而已矣。"（原文录于《孟子七篇·卷六·告子上·仁之章》）

【译文】

孟子说："仁善战胜于不仁，从本质而言，就如同水胜火一样。但如今的行仁义而不彻底者，好像在拿着一杯水去救一车柴的火；火不灭，不怪水太少，而说水灭不了火啊，这种说法给那些行不仁者以借口，更加不仁了，就连原有那点仁善之心也消失了啊！"

【注解】

孟子这一段紧接前一章，很好地回答了正不胜邪的一些现象。杯水灭不了车薪之火，并不等于水灭不了火，而是力与量的不足，并不因此便能改变水足以灭火的本性。这就和人性善恶是同理。现实中总有善无善报，而恶者横行的事，但终归是邪不胜正。

朱子注称："仁之能胜不仁，必然之理也。但为之不力，则无以胜不仁，而人遂以为真不能胜，是我之所为有以深助于不仁者也。""赵氏曰：'言为仁不至，而不反诸己也。'"

三十、五谷不熟，不如草稗

孟子曰："五谷者，种之美者也；苟为不熟，不如荑稗。夫仁，亦在乎熟之而已矣！"（原文录于《孟子七篇·卷六·告子上·五谷章》）

【译文】

孟子说："五谷，是粮食中的好品种，但如果籽粒不熟，那么它的味道反不如草稗之籽实。而仁心的力量也是同样的，更在于它是否达到了成熟的程度。"

【注解】

本段在七篇中是承接前一段"仁之"章的，旨在进一步阐明杯水难救车薪之火，并不等于水不能胜火。由此而劝勉人修仁养善要到家，行仁履义要到位。也就是程朱讲的一个"熟"字之本义。

"荑稗（tí bài）"，朱子注："草之似谷者，其实亦可食，然不能如五谷之美也。但五谷不熟，则反不如荑稗之熟。犹为仁而不熟，则反不如他道之有成。"

三十一、自暴者不可救药，无耻者必遭耻辱

孟子曰："自暴者，不可与有言也；自弃者，不可与有

为也。言非礼义，谓之自暴也；吾身不能居仁由义，谓之自弃也。仁，人之安宅也；义，人之正路也。旷安宅而弗居，舍正路而不由，哀哉！”（原文录于《孟子七篇·卷四·离娄上·自暴章》）

孟子曰：“人不可以无耻。无耻之耻，无耻矣。”（原文录于《孟子七篇·卷七·尽心上·无耻章》）

【译文】

孟子说：“自己害自己的人，不可与之言善；自己放弃自己的人，不可与他共图仁义之事。说话不讲礼义而攻击、诋毁礼义的，称为‘自暴’；自身不能居仁善之地而由此行义者，称为‘自弃’。所谓‘仁善’，是人的安身立命之所；所谓‘义’，是人之行为的正道。如果一个人把可以安居的住所空起来而不住，舍弃正路而不走，是很悲哀的啊。”

孟子说：“一个人不可以没有善恶、羞耻之心。没有耻感的可耻，可以称为无耻了，没有什么羞耻比这更大的了。”

【注解】

这两章孟子是在讲，做人不居于仁善之地，做事、行为不依义理而行的人就是自己害自己、自己放弃自己。这种人是不可救药的了。而天底下最大的羞耻就是没有羞耻之心，不知亦不以丑、恶为耻。

朱子注：“暴”，犹害也。“非”，犹毁也。程子说：“惟自暴者拒之以不信，自弃者绝之以不为，虽圣人与居，不能化而入也。此所谓下愚之不移也。”

朱子在他章注称：“耻者，吾所固有羞恶之心。存之则进于圣贤，失之则入于禽兽，故所系为甚大。”赵岐注称：

"人能耻己之无所耻，是能改行从善之人，终身无复有耻辱之累矣。"

三十二、沧浪之水清浊自取，自侮者人必侮之

孟子曰："不仁者可与言哉？安其危而利其菑，乐其所以亡者。不仁而可与言，则何亡国败家之有？有孺子歌曰：'沧浪之水清兮，可以濯我缨；沧浪之水浊兮，可以濯我足。'孔子曰：'小子听之！清斯濯缨，浊斯濯足矣，自取之也。'夫人必自侮，然后人侮之；家必自毁，而后人毁之；国必自伐，而后人伐之。《太甲》曰：'天作孽，犹可违；自作孽，不可活。'此之谓也。"（原文录于《孟子七篇·卷四·离娄上·不仁章》）

【曾国藩卷尾按语】《集注》云："不仁之人，私欲固蔽，失其本心。故其颠倒错乱，至于如此。"又云："此章言心存，则有以审夫得失之几；不存，则无以辨于存亡之著。祸福之来，皆其自取。"此章言不仁者，知觉昏迷，莫烛治乱之几。朱子编次《要略》首卷，大指发明人性本善，或为气拘物蔽。欲人强恕存心，以复本性。此章稍觉不类，不知何以阑入，姑缺疑以俟正焉。

【译文】

孟子说："不仁义的人，怎么可以与他讲仁道呢？这种人以危为安，以害为利，喜闻亡国之音言。这种不仁的人如果可以与他讲仁道，那怎么还会有亡国败家的灾难发生呢？曾有小孩子唱道：'沧浪的水是清的啊，可以取来洗我的冠缨；沧

浪的水是浑的啊，可以取来洗我的脚。'孔子为此对他的学生说：'你们听好了他唱的歌：人们用清水来洗高贵的冠缨，而浊水只能用来洗臭脚。人们如此用水，不是对水不公道，而是由于水自身的不同。清水、浊水的命运都是自取的啊！'因此，人必定是自己先不尊重自己，然后别人才去侮辱他；一个家必定是家人先自败家，然后别人才来毁坏它；国家必定是先自内乱内战，然后别国才来攻伐它。《太甲》中说：'天灾尚可挽，自造的罪孽则不可活。'讲的就是这个道理啊！"

【注解】

曾国藩说朱子以此章来做《孟子要略》第一篇卷首章的结尾，似有不类之觉。其实，无非以此段总结以上有关"人性善"各段的大旨要义，人的穷达、贵贱、祸福、尊卑，都是由人自取的。能守善行仁义的自有好结果，反其道而行之的，必无好下场、好结局。孟子所论之一切无非修身、齐家、治国、平天下，都要以善德为根本，从修身治心、自省、自觉去做起，才会达到修、齐、治、平的目的。因此，朱子在他的《孟子章句集注》中注此段称："此章言心存（仁善）则有以审夫得失之几，不存仁善则无以辨于存亡之著。祸福之来，皆其自取。"

赵岐注称："孺子，童子也；小子，孔子弟子也。清浊所用，尊卑若此，自取之。喻人善恶见尊贱乃如此。"孙奭疏称："缨之在上，人之所贵"，"足之在下，人之所贱"；是以濯缨之清水为贵，濯足之浊水为贱；"贵贱人所自取之也"。

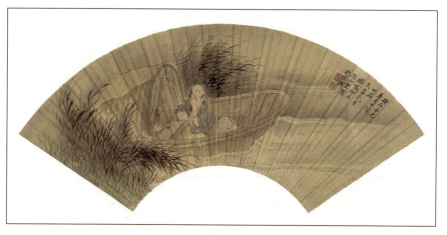

扇画《渔父图》

傅抱石《渔父图》

第二章 孝悌论

国藩谨按：此卷论孝悌之道。

——曾刻版《孟子要略》原书卷二
之曾国藩卷首按语

三十三、不学而能为良能，不虑而知为良知

孟子曰："人之所不学而能者，其良能也；所不虑而知者，其良知也。孩提之童，无不知爱其亲也；及其长也，无不知敬其兄也。亲亲，仁也；敬长，义也。无他，达之天下也。"（原文录于《孟子七篇·卷七·尽心上·良能章》）

【译文】

孟子说："人没有通过学习就能做到的能力，这是天赋的良能；不用经过思考就知道的道理，这是天赋的良知。因此，

小孩子从小即使没人教，也没有不知道爱父母的；到他长大时，没有不知道尊敬兄长的。亲爱父母是一种仁根，尊敬兄长是一种义本。这并没有别的原因，无非人之善心仁义之本性通行天下罢了。"

【注解】

朱子把孟子论孝悌的各章归集为一卷，而以此段为起点，是很有道理的。人的孝悌之心是与生俱来的本能。爱父母为孝，敬兄长为悌，这是人的本性、本能。唯本性可不变，唯本能可恒久。不学而能为良能，不虑而知为良知。良能为人生存的基本能力，良知则是人之所以为人的底线，是不可逾越的。而孝悌无疑是良知的产物，因此亦是做人的根本。这是孟子论孝悌的逻辑起点。以下各章逐层深入论述，教人以孝悌之道。

朱子注："良者，本然之善也。""孩提"，二三岁之间，知孩笑，可提抱者。"亲亲敬长，虽一人之私，然达知天下无不同者，所以为仁义也。"程子称："良知良能，皆无所由；乃出于天，不系于人。"

三十四、孝悌为仁、义、智、礼、乐之实

孟子曰："仁之实，事亲是也；义之实，从兄是也；智之实，知斯二者弗去是也；礼之实，节文斯二者是也；乐之实，乐斯二者，乐则生矣，生则恶可已也，恶可已则不知足之蹈之手之舞之。"（原文录于《孟子七篇·卷四·离娄上·仁之章》）

【译文】

孟子说："所谓'仁'的着实之处，在于侍奉父母双亲；

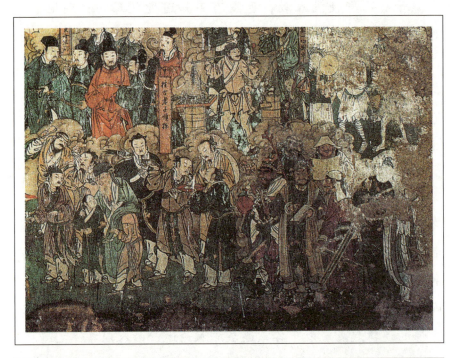

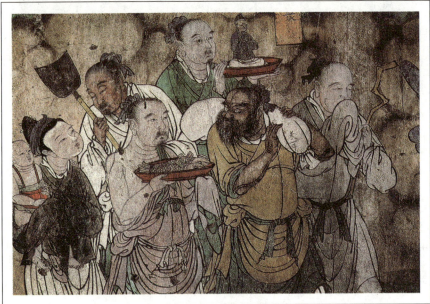

古代庙宇壁画

古代孝子顺孙图

画像石

眉间尺孝行图

画像石

老莱子孝行图

画像石

蔡顺、郭巨孝行图

'义'的着实之处，就在于有父从父，无父从兄而已；'智'的着实之处，就在于深知这两件事而固守不变；'礼'的着实之处，就在于长幼有序，讲礼节、礼仪这两件事了；'乐'的着实处，就在于快乐地实行了这两件事，心中自然就有欢喜、愉悦的感情生发出来，这种感情一旦生发出来想遏止都遏止不住，当遏止不住时，不由自主地便会手舞足蹈起来。"

【注解】

本章孟子主要劝勉人应该努力实行孝、悌这两件事。从仁、义、智、礼、乐五个方面来讲述了孝悌的重要与好处。朱子说："此章言事亲从兄，良心真切，天下之道，皆原于此。然必知之明而守之固，然后节之密而乐之深也。"

朱子注："仁主于爱，而爱莫切于事亲（父母）；义主于敬，而敬莫先于从兄。故仁义之道，其用至广，而其实不越于事亲从兄之间。盖良心之发，最为切近而精实者。""从"，跟随、服从义。"恶可已"，"不可遏者，所谓恶可已也"。

三十五、事亲为万事之本，养亲以顺者为孝

孟子曰："事，孰为大？事亲为大。守，孰为大？守身为大。不失其身而能事其亲者，吾闻之矣；失其身而能事其亲者，吾未之闻也。孰不为事？事亲，事之本也。孰不为守？守身，守之本也。曾子养曾皙，必有酒肉，将彻，必请所与，问有余，必曰有。曾皙死，曾元养曾子，必有酒肉。将彻，不请所与，问有余，曰亡矣，将以复进也。此所谓养口体者也。若曾子则可谓养志也。事亲若曾子者，可也。"（原文录于《孟子七篇·卷四·离娄上·事孰章》）

二十四孝图·杨襄扼虎救父

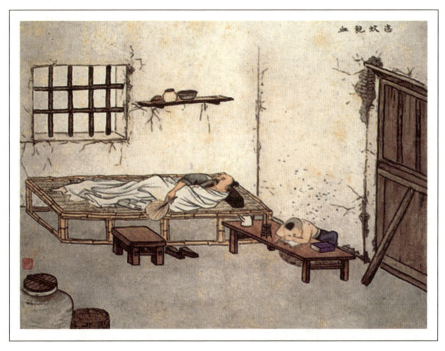

二十四孝图·吴猛恣蚊饱血孝父

二十四孝图· 王祥卧冰求鱼孝母

二十四孝图· 曾子母子连心

【译文】

孟子说："天下的事什么是最大的呢？以侍奉父母双亲为最大。要保护的以什么为最大呢？以保护自身仁义名节为最大。不损害自己的名节身心，而能很好地奉养双亲的，我听说过；而不仁义有失道德之人，能够很好地侍奉双亲的，我没听说过。谁不希望有人侍奉呢？但是，天底下服侍双亲，才是万事之根本。哪一件事不应受保护呢？但保护好身体才是保护其他的根本。曾子奉养他的父亲曾晳时，每餐必开小灶，有酒有肉，要撤席时，一定问他父亲，余下的还要给哪个人吃。父亲问他还有剩余的吗，曾子一定回答说还有。曾晳去世后，曾元奉养曾子，也一样每餐小灶必有酒肉，但在撤席时从不问还要给谁吃，就是曾子问还有剩余的吗，也一定说没有了，其实是准备留给曾子下餐再用。这种方式无非奉养老人的口体而已，像曾子那样顺着老人的意思办，才是真正的孝者，可以称为'养志'吧。侍奉自己的双亲，还是像曾子那样的方式更好啊。"

【注解】

本章讲二义：其一，天下万事，以服侍双亲为大；为事双亲，先守其身，方可尽孝道。其二，赡养老人顺者为孝，重于衣食。

"守身"，朱子注："持守其身，使不陷于不义。一失其身，则亏体辱亲，虽日用三牲之养，亦不足以为孝矣。"

三十六、不得父母欢心不足为人，不顺父母意不足为人子

孟子曰："天下大悦而将归己，视天下悦而归己犹草芥

二十四孝图·朱寿昌弃官寻母

二十四孝图·郯子鹿乳奉亲

也，惟舜为然。不得乎亲，不可以为人；不顺乎亲，不可以为子。舜尽事亲之道而瞽瞍厎豫，瞽瞍厎豫而天下化，瞽瞍厎豫而天下之为父子者定，此之谓大孝。"（原文录于《孟子七篇·卷四·离娄上·天下章》）

【译文】

孟子说："天下人都悦服于舜，而且将要由他统治天下。只有舜把这件事看得如一根草那么轻，如芥菜籽那样小。在他的心中看重的是，不能得到父母的欢心，算不上是人；不顺从父母的意愿，就没有资格为人子。由于舜能对父母尽孝道，一向虐待他的父亲瞽瞍都受到了感化，变成了很快乐的慈父；由于舜感化了瞽瞍让他欢悦，而又感化了天下人知道该怎样孝顺父母；像瞽瞍这样的父亲都被舜感化得变为慈父，因此天下人都知道了父当慈、子当孝的父子定位。像舜这样的孝顺才称得上是'大孝'。"

【注解】

孟子在这里用舜以自己的孝顺之行，把凶顽的父亲瞽瞍感化为慈父的事，来阐释天下最基本的人伦之理：父慈、子孝。何为孝？天下没有不是的父母，没有不可事的父母，为人儿女者，只有顺者为孝。生而为人子，当得以父母顺心、欢心为孝之本。而能以孝感天下之人知孝道；孝化天下父母知慈道，方为大孝。由此观之，孝并不只是养老送终，更在于顺者为孝，不违父母之意，不使父母伤心为孝；孝不唯是一己一家之私事，亦是教化天下的大事。因此，后世有以孝治天下之成例。

"不得乎亲"的"得"，朱子注："得者，曲为承顺以得其心之悦而已。顺则有以谕之于道，心与之一而未始有违，尤

二十四孝图·老莱子戏彩娱亲

二十四孝图·王裒闻雷守墓慰母

人所难也。为人盖泛言之，为子则愈密矣。""瞽瞍底豫"，瞽瞍，舜父名；底，致也；豫，悦乐也。"化、定二句"，"瞽瞍至顽，尝欲杀舜，至是而底豫焉。《书》所谓'不格奸亦允若'是也。盖舜至此而有以顺乎亲矣。是以天下之为子者，知天下无不可事之亲，顾吾所以事之者未若舜耳。于是莫不勉而为孝。至于其亲亦底豫焉，则天下之为父者，亦莫不慈，所谓化也。子孝父慈，各止其所，而无不安其位之意，所谓定也"。

朱子引李氏注："李氏曰：'舜之所以能使瞽瞍底豫者，尽事亲之道，其为子职，不见父母之非而已。'昔罗仲素语此云：'只为天下无不是底父母。'了翁闻而善之曰：'惟如此而后天下之为父子者定。'"

"惟舜为然句"，赵岐注：舜不以天下将归己为乐，号泣于天。因为他还不得父亲之欢心。孙奭疏称："此章言以天下富贵，为不若得意于亲也。""瞽"，"无目曰瞽。舜父有目不能分别好恶，故时人谓之瞽，配字曰瞍。瞍：无目之称"。

三十七、天下人子，当有"五思"

万章问曰："舜往于田，号泣于旻天，何为其号泣也？"

孟子曰："怨慕也。"

万章曰："父母爱之，喜而不忘；父母恶之，劳而不怨。然则舜怨乎？"

曰："长息问于公明高曰：'舜往于田，则吾既得闻命矣；号泣于旻天，于父母，则吾不知也。'公明高曰：'是非尔所知也。'夫公明高以孝子之心，为不若是恝，我竭力耕田，共为子职而已矣，父母之不我爱，于我何哉？帝使其子九男二女，百官牛羊仓廪备，以事舜于畎亩之中。天下之士多就之者，帝将胥天下而迁之焉。为不顺于父母，如穷人无所归。天下之士悦之，人之所欲也，而不足以解忧；好色，人之所欲，妻帝之二女，而不足以解忧；富，人之所欲，富有天下，而不足以解忧；贵，人之所欲，贵为天子，而不足以解忧。人悦之、好色、富贵，无足以解忧者，惟顺于父母，可以解忧。人少，则慕父母；知好色，则慕少艾；有妻子，则慕妻子；仕则慕君，不得于君则热中。大孝终身慕父母。五十而慕者，予于大舜见之矣。"（原文录于《孟子七篇·卷五·万章上·舜往章》）

【译文】

万章向他的老师孟子问道："当初舜在历山下耕田，呼天号泣，为什么会如此痛哭呢？"

孟子回答道："他的心里幽怨自己，向往能得到父母的欢心。"

万章又说道："父母爱儿子，儿子自当乐而不忘；父母不喜欢他，做儿女的也只能任劳而不抱怨。但是，舜耕而号天是不是在抱怨呢？"

孟子回答道："长息这个人从前也曾问他的老师公明高说：'舜去历山耕田的事，我已听老师讲过了，可是他呼天而泣唤父母的情形，我就不知道是为什么了。'公明高说：'这却不是你能懂得的了。'显然公明高认为，孝子的内心所存，绝不会有如此愁苦抱怨。他只会想我努力种田就是了，尽到为人子的职责而已。父母如果还不爱我，那就不是由于我的过错了，我还有什么办法呢？舜的孝行渐渐传到尧帝的耳中，便派自己的九个儿子去帮他，把两个女儿嫁给他，并为他派了百官供他支配，备好了牛羊、粮食仓库，供他在历山田耕时使用。天下的读书人也都慕名而来追随他。于是，尧帝准备把帝位让给他，让他来治理天下。对常人而言，这是天大的好事，可是舜由于得不到父母的欢心，仍旧像一个穷迫到无家可归的人那般不开心。受到天下士人学子的敬服，这是任人所欲的，但并不能使舜解忧忘怀；美色，是人之所欲，可是即使尧帝的两个女儿已经嫁给了他，仍不能使舜快乐起来；财富，是人之所欲，就是富有天下之财宝，也不能让舜高兴；尊贵，是人之所欲，但贵为天子也无法使舜除去心中的不快。众人归心、美女入怀、富有天下、贵为帝王，这些都不足以除却舜心中的积郁，只有得以孝顺父母，得父母之欢心，才可以使他解忧开怀。常人在少年时，爱慕父母；长大了懂得了男女之情，便去转而追慕少女；娶妻生子后，便把爱父母的心思转到了爱妻子；当官后便去想得到皇帝的宠爱，如果得不到，心中便急得不行。而大孝之人，却是终身爱慕、孝顺父母的。到了五十岁的年纪，还孝顺、爱慕父母的，我只在舜的身上见到了。"

【注解】

本章主要讲舜的孝行之大、之高、之专、之唯一。对父母之情，名不可夺，色不可移，爱不可代，富不可动，贵不可抵，确非常人所能及，而确为常人之当思。父母之情高于天而阔于地，本无可逾；父母之恩重于山而深于海，本无可报。天下人子是以当做此五思——名、色、爱、富、贵之时，是否有欠父母，有忘父母？因此，朱子注："此章言舜不以得众人之所欲为己乐，而以不顺乎亲之心为己忧。非圣人之尽性，其孰能之？"

"旻天"，朱子注："仁覆悯下，谓之旻天。号泣于旻天，呼天而泣。"古人亦有"苦极呼天，痛极呼母"之说。

舜耕历山时，既呼天又唤母，当为内心苦极、痛极之时。"怨慕"，朱子注："怨己之不得其亲（父母）而思慕也。""怼（jiá）"，无忧愁，淡然，不在意。"长息"，公明高弟子。"公明高"，曾子的学生。"胥"，相视。"迁之"，移与。

三十八、舜的悌道：人以伪来，我以诚往

万章问曰："《诗》云：'娶妻如之何？必告父母。'信斯言也，宜莫如舜。舜之不告而娶，何也？"

孟子曰："告则不得娶。男女居室，人之大伦也。如告，则废人之大伦，以怼父母，是以不告也。"

万章曰："舜之不告而娶，则吾既得闻命矣；帝之妻舜而不告，何也？"

曰："帝亦知告焉则不得妻也。"

万章曰："父母使舜完廪，捐阶，瞽瞍焚廪。使浚井，出，从而揜之。象曰：'谟盖都君咸我绩。牛羊父母，仓廪父母，干戈朕，琴朕，弤朕，二嫂使治朕栖。'象往入舜宫，舜在床琴。象曰：'郁陶思君尔。'忸怩。舜曰：'惟兹臣庶，汝其于予治。'不识舜不知象之将杀己与？"

曰："奚而不知也？象忧亦忧，象喜亦喜。"

曰："然则舜伪喜者与？"

曰："否。昔者有馈生鱼于郑子产，子产使校人畜之池。校人烹之，反命曰：'始舍之圉圉焉，少则洋洋焉，攸然而逝。'子产曰：'得其所哉！得其所哉！'校人出，曰：'孰谓子产智？予既烹而食之，曰："得其所哉！得其所哉！"'故君子可欺以其方，难罔以非其道。彼以爱兄之道来，故诚信而喜之，奚伪焉？"（原文录于《孟子七篇·卷五·万章

上·娶妻章》）

【曾国藩按语】金氏曰："《要略》自'万章曰父母使舜完廪'以下，至'然则舜伪喜者与？曰否'，即下接'君子可欺以其方'，至'奚伪焉'。首去'娶妻，如之何'二节，中去'子产'一节。履祥妄谓去'子产'一节，不若去'象曰'一段，此何止齐东野人之语，几不可述于君子之口，况'帝之妻舜'，在'其烝又不格奸'之后。此语既非事实，尤不当存。《要略》一书晚年方出，此章去取，似为一书之玷。"朱子编次此书之意，盖择其要者，时时切己体察。而欲凡读《孟子》者，皆反诸身而体验之也。不然，以孔孟之经，任意去取，颠倒措置，此占毕庸夫所不为，而谓朱子之贤为之耶？即此章不录首二节与"子产"一段，亦不过芟去繁文，尤便省览耳。非有所去取于其间也。其存"象曰"一段，则以见圣人遭人伦之变，而不失天理之常，正欲存此语，以为处变之法。事之荒怪有无，盖不足辨。仁山先生之论，似未尝深究朱子之本意。今刻此书，悉载本章全文，而于首二节及"子产"一段并一以识之，以存朱子之旧云。

【译文】

万章问孟子道："《诗经》上说：'娶妻怎么样，一定要告诉父母。'相信这个道理的，应该没有人比得上舜了。可是舜娶尧之二女为妻，并没有征求父母的意见，这是什么原因呢？"

孟子回答道："告诉了就娶不成了。男女成婚，乃人伦之大者，如果由于告诉了而无以成婚，则有伤人伦，反成了父母的怨恨。因此，便不告诉了。"

大舜历山耕田鸟耘象耕图

万章又问道：“舜不告而娶的事，我听老师讲过了。可是尧帝把女儿嫁给舜也不告诉他的父母，为什么呢？”

孟子回答道：“尧帝也知道告诉了他父母，舜便不得娶二女为妻了。”

万章说：“舜的父母让他去修补仓房，可是舜到了屋顶，他们便撤了梯子。他的父亲瞽瞍又在下面放火烧仓，亏得舜双手张开斗笠跳了下来。父母又让他去淘井，把井泥挖出来，他们却把井盖上，想把舜弄死，亏得舜挖透井壁逃了出来。他的弟弟象以为舜早死了，便说：‘设计谋害舜都是我的功劳。现在把牛羊、粮仓都归父母，武器归我，琴与雕弓也归我。两个嫂子让她们帮我打理床铺。’可是，象得意地进入舜的住处时，却发现舜正坐在床上弹琴呢。象马上说：‘很郁闷啊，正想哥哥呢。’嘴上如此说着，神情却很不自然。舜便接口说道：‘我正面对百官人众忙不过来呢，你可以帮助我来治理啊。’不知道舜此时是否知道象要杀他呢？”

孟子回答道：“怎么能不知道呢？不过舜是孝悌之人，因此能以自己弟弟的忧乐，为自己的忧乐，而不去说破而已。”

万章又问道：“既然如此，那么舜当时一定是伪装成高兴的样子吧？”

孟子回答道：“不是的。从前有人送给郑国的首相子产几条活鱼，子产便派管理水池的人把鱼放到池子里养起来。可是那人却把鱼烹吃了，并跑到子产那里汇报：‘鱼放进水里一开始还不太舒展，过一会儿就很自由地游开了，又过一会儿，便游远了，看不见了。’子产听说后便高兴地说道：‘这鱼得到了它合适的地方！这鱼得到了它合适的地方！’那个人从子产那儿出来后便说：‘谁说子产聪明呢？我把鱼烧吃了，他却说："这鱼得到了它合适的地方！这鱼得到了它合适的地方！"'因而，君子可以用表面上的情理之言欺骗他，却不可以用不善的道理去蒙蔽他。象虽然不是真心想念他的哥哥，但他是以爱兄之道的理由来的，因此，舜以诚迎伪，就相信他是真的，而且心里也很高兴，怎么能说这是伪喜呢？"

【注解】

本章主要讲舜在家庭不睦、你争我斗，自己受歧视、虐害的情况下，仍然能够从人性善出发，坚守孝悌之道而不改变，正所谓"非常人自有非常处"。尤其对其弟，以弟之忧喜为忧喜，弟以伪来，我亦以诚待，以信往，终使家和人亲。是当引为家庭人伦之法度。

"怼（duì）"，朱子注："仇怨也。""阶"，朱子注："梯也。""弤（dǐ）"，雕花弓。"郁陶"，朱子注："思之甚而气不得伸也。""都君"，时人对舜的别称。舜执政三年，所在地变为都城，故称为"都君"。因此时尧仍在帝位。"校人"，管理池塘的小吏。"圉（yǔ）圉"，局促不舒展的样子。"罔"，朱子注："蒙蔽也。""欺以其方"，朱子注："谓诳之以理之所有。""方，亦道也。"

本段开头说：舜要是告诉了父母，就无以成婚，反让父母怨恨。怨恨什么呢？其一，皇帝赐婚，不以父母意志为转移，父母自是徒增怨恨。其二，不孝有三，无后为大。不能成婚便无以传宗接代，父母会更不喜欢了。

三十九、法尊于帝父，孝大于天下

桃应问曰："舜为天子，皋陶为士，瞽瞍杀人，则如之何？"

孟子曰："执之而已矣。"

"然则舜不禁与？"

曰："夫舜恶得而禁之？夫有所受之也。"

"然则舜如之何？"

曰："舜视弃天下，犹弃敝蹝也。窃负而逃，遵海滨而处，终身诉然，乐而忘天下。"（原文录于《孟子七篇·卷七·尽心上·桃应章》）

【曾国藩按语】《集注》云："此章言：为士者，但知有法，而不知'天子父'之为尊；为子者，但知有父，而不知天下之为大。盖其所以为心者，莫非天理之极，人伦之至。学者察此而有得焉，则不待计较论量，而天下无难处之事矣。"金氏曰："此章《要略》注文微不同，而《集注》为明径。"金氏谓《要略》注文微不同，不可考矣。所谓《集注》明径者，今特录于右。观朱子以此章次娶妻章之后，益知其欲穷极人伦之变，以为处之者之法。设词愈离奇，处之愈平常。而金氏"去取"之说，可无致疑已。

【译文】

孟子的学生桃应向他问道："舜为贤明天子，皋陶是天下闻名的公正法官，如果舜的父亲瞽瞍杀人了，那么皋陶应该怎么处置呢？"

孟子回答道："只能依法把他逮捕起来。"

桃应又问道："那么，舜不会出面干涉，禁止他逮捕自己的父亲吗？"

孟子回答道："舜怎能禁止呢？这法律不是私人制定的，天下也是尧帝传授于他的，他怎么能以私害法呢？"

桃应又问道："那么，舜该怎么办呢？"

孟子回答道："舜的为人是放弃他的帝位，就如同抛弃破草鞋一样。他会暗地里背负着他的父母一起逃走，沿着海边找个隐蔽的地方住下来，一生以奉养父亲为乐事，快乐得把他的地位、天下忘掉。"

【注解】

本章是孟子与他的学生桃应二人虚拟的一个问对，而非史实。把事情推向极致，从而喻示孝行重于王位、高于天下的道理。不过先进之处是，舜帝与大法官皋陶都没有滥用权力，干涉与松弛法纪，体现了王父犯法与民同罪的法治意识。多了一点人情味之处，则是舜个人宁可犯个人窝藏、同犯罪，也要救父奉亲。而放弃天下、地位。

"有所受之"，赵岐注：舜的"天下乃受之于尧，当为天理民、王法不曲，岂得禁之也"。"蹝（xǐ）"，草鞋。"䜣（xīn）"，同欣，快乐欢喜。"遵"，循着、沿着。

朱子注称："此章言为士者，但知有法，而不知天子父之为尊；为子者，但知有父，而不知天下之为大。"

四十、帝王治术：有些事是要做给人看的

万章问曰："象日以杀舜为事，立为天子，则放之，何也？"

孟子曰："封之也，或曰放焉。"

万章曰："舜流共工于幽州，放驩兜于崇山，杀三苗于三危，殛鲧于羽山，四罪而天下咸服，诛不仁也。象至不仁，封之有庳，有庳之人奚罪焉？仁人固如是乎？在他人则诛之，在弟则封之。"

曰："仁人之于弟也，不藏怒焉，不宿怨焉，亲爱之而已矣。亲之欲其贵也；爱之欲其富也。封之有庳，富贵之也。身为天子，弟为匹夫，可谓亲爱之乎？"

"敢问或曰放者何谓也？"

曰："象不得有为于其国，天子使吏治其国，而纳其贡税焉，故谓之放，岂得暴彼民哉？虽然，欲常常而见之，故源源而来。'不及贡，以政接于有庳'，此之谓也。"（原文录于《孟子七篇·卷五·万章上·象日章》）

【译文】

万章问孟子道："舜的弟弟象，天天都以谋害舜为能事。舜为帝之后，并没治他的罪，只是把他流放了，为什么呢？"

孟子回答道："是加封地于他，人们或者说是放逐，实际上不是。"

万章又问道："舜称帝后把共工流配到幽州，把驩兜驱逐到崇山，把三苗诛杀于三危，在羽山把鲧处以死刑。治了这'四凶'的罪，天下人都服了，因为杀的都是不仁之人。而舜的弟弟象也是一个极不仁的人，为什么还把他封到有庳，去祸害人，有庳的地方百姓有什么罪过呢？仁人舜就是这样治国的吗？同是不仁的人，对别人就杀掉，对自己的弟弟则封地。"

孟子回答道："仁义的人对待自己的弟弟，就是触怒了自己，也不在心里记仇；有让自己怨恨之处，也不让这怨恨在心里留存。只有仍旧亲近他、爱他而已，有什么办法呢？那是自己的一母同胞啊！因为兄弟相亲，就希望他和自己一样尊贵；因为兄弟友爱，就希望他和自己一样富有。舜之所以把害己之弟象封在有庳之地，无非因为想让他同富同贵的一种兄弟之情而已，而不是放纵他。舜身为天子，却让自己的弟弟还是平民，怎么能说得上是亲他、爱他呢？"

万章又问道："敢问老师：那为什么还有人说是舜放逐了自己的弟弟呢？"

孟子回答道："因为象在他的封地内是没有作为权力的，天子直接派行政官吏治理这个地方，只是那里的赋税归他使用罢了。因此有人说是放逐。也只有这样，即使他不仁，也不能去祸害封地的百姓了。但舜还是留恋兄弟之情，总想常常见到他的弟弟，于是，象如同常流水一样不断地到舜这里来。古书讲'不要像诸侯一样只有到朝贡期才能见一次。以谈政事为名随时接见这个名为有庳地方封主的弟弟'，说的就是这个意思。"

【注解】

这一段主要讲舜称帝后对弟弟的宽厚亲爱之情，可谓煞费苦心，既要"流放"他，以示人于公正；又要他富贵，而能常叙兄弟之情。尽管孟子所有为其解释的理由都不够充足，但作为帝王的舜仍不失其帝王之道：这样做既满足了私欲，又可以做给天下人看，同时，不使其祸害地方之民，可谓"一石三鸟，一举多得"了。如果他一登上帝位就杀了弟弟，那么谁还能相信他的仁心孝行呢？谁还敢放心地为他做事呢？更何况那个时代是以孝治天下的。舜是孝行天下之人，又不愧为政治上的大智慧者。而许多大智慧却体现于小事中。只是把鲧这个治水之臣列为"四凶"之一杀掉，似有失公允。成败似可以论英雄，但不可以定善恶。

"日"，每天。"放"，流放、驱逐。朱子注为置，"置之于此，使不得去也"。此说似乎有点儿画地为牢、散拘软禁的意思了。"四罪"，古书有称"四凶"者：其一，"共工"，官名；其二，"驩兜"，人名（二人为尧舜时代大臣，朋比为奸，分别被治以欺世惑人、营私植党罪流放）；其三，"三苗"，属国名（以其抗命不遵诛杀其国君）；其四，"鲧（gǔn）"，大禹之父，以治水无功被处死。"有庳（bì）"，地名，古注称在道州。"殛（jí）"，杀死。"藏怒"，怒而不言，记藏于心。"宿怨"，积怨留存于心。"不及贡"，不要等到朝贡的期限。"以政接于有庳"，以谈政事为名随时接见，此句的"有庳"代指舜弟象。

四十一、以亲亲之心去待人接物

孟子曰："君子之于物也，爱之而弗仁；于民也，仁之而弗亲。亲亲而仁民，仁民而爱物。"（原文录于《孟子七篇·卷七·尽心上·君子章》）

【译文】

孟子说："君子对于万物，虽然喜爱，但未必施以仁；对于百姓民众，虽当是一片仁善之心，但不如对自己亲人一样亲近。君子的待人接物之道是：从最亲近的人亲近他们，由此而扩推到百姓众人，然后再把亲爱百姓的仁心扩充推广去博爱万物。"

【注解】

本章很有一点绿色环保意识，故人以待亲之心，去待人；以待人之心，去博爱万物。但儒家后学之人有仅注为君子用情施恩有所区别顺序的，既有局限，又非孟子之本意。孟子的本意无非仍是在讲他人性善的"扩充之道"，推己及人，推人及物，都要待之以仁善之心。

那么，为什么讲"于物爱而不仁"呢？因为万物为人所用，如食用、祭祀牺牲等，是不可避免的。那又为什么讲推人及物，要"亲亲而仁民而爱物"呢？不亲爱自己的亲人为不仁之大，不以仁待民为不义、为自私，不以仁爱之心待万物，万物则终有尽时，而人之生存何以为依托？

朱子注："物"，"谓禽兽草木"；"爱"，"谓取之有时，用之有节"。赵岐注称："物，谓凡物可以养人者也，当爱育之而不加之仁。若牺牲不得不杀也。""亲亲"，前者为亲爱，后者为父母亲人。

就家庭伦理而言，世间真情无高于亲子、子亲之情的，其高在真诚无伪。而如果能以此等真诚之情去待人，那么这个世界就真的会如同一家人一样。如果能以此等爱心去对待万物，那么人与自然自会共生共长、生生不息。人与人、人与物之间，都少不得一种亲爱之心、爱惜之心、善良之心。而这一切似乎仍须从"亲亲"做起。如果一个人连他最亲的亲人都不爱，那么他还会爱别人吗？如果连自己的同类都不爱，那么他还会爱他物吗？

四十二、亲亲长长，天下是平

孟子曰："道在迩而求诸远，事在易而求诸难。人人亲其亲、长其长，而天下平。"（原文录于《孟子七篇·卷四·离娄上·道在章》）

【译文】

孟子说："仁善之道的学问就在你的身边，为什么非要到远处去求问；事情本来是很容易的，却要把它当成很难的事去

贤母图

做。如果人人都能亲爱他的父母亲人，都能尊敬他的尊长，天下也就自然太平了。"

【注解】

孟子此章主要是教人学仁善、行孝悌，要从对待身边的亲人做起。全文如果颠倒过来读解，似乎就容易理解一些：你的亲人就在你的身边，如果人人都能孝亲敬长，天下就太平了。就这么简单的事，为什么非要到很远处去求问，当成很难的事情呢？

"迩"，朱子注：古字尔与迩通用，近的意思。朱子称："亲长，在人为甚迩。亲之长，在人为甚易，而道初不外是也。舍此而他求，则远且难而反失之。但人人各亲其亲，各长其长，则天下自平矣。""长长"：前者为尊敬、崇尚；后者为长者、兄长，比自己年龄大、身份高的人。

四十三、薄于亲者怎会厚于他人

孟子曰："于不可已而已者，无所不已。于所厚者薄，无所不薄也。其进锐者，其退速。"（原文录于《孟子七篇·卷七·尽心上·于不章》）

【译文】

孟子说："对于那种万不可以中止的事，你如果都让它中止了，那么天下就没有什事不可以中途而废了。而对于你本应该以礼厚待的人，都很失礼、浇薄，那么就没有什么可以不去薄待的了。天下事凡是推进过快的，那么他的后退下来也一定会很快。"

【注 解】

　　孟子本章是在教人以一种方法论。凡事无论是做得不到位，还是做得太过了，结果都会适得其反。如朱子注称："三者之弊，理势必然，虽'过''不及'之不同，然卒同归于废弛。"

　　朱子所称"三者"：其一，做事必做的，无论如何艰难困苦，必有克服之心，不可半途而废，否则一切皆废；其二，待人必得合礼节，礼尚往来，当厚不厚，必致一切皆薄；其三，凡事厚积薄发，不图速功，否则不但欲速则不达，甚而还会出现一落千丈的后果。而其中，对于成事而言最有用的是"克服之心"与"厚积薄发"。做事无克服之心者，无以成事，更无以成大事，凡大事、好事、要事都是难度大的，必得克服之心方可成就。十分热发一分光，自然雪亮；半桶水却要淌得很快，必然行之不远。唯厚积薄发者，才见得根底扎实，方可立于不败不退之地。居善、行仁义、履孝悌之道，概莫如此。这也许正是孟子把这段作为孝悌卷的尾章的真实用意吧。

第三章　义利论

国藩谨按：**此卷严义利之辨。**

——曾刻版《孟子要略》原书卷三

之曾国藩卷首按语

四十四、仁义乃天理之公，利心则生于物我私欲

孟子见梁惠王。王曰："叟，不远千里而来，亦将有以利吾国乎？"

孟子对曰："王，何必曰利？亦有仁义而已矣。王曰：'何以利吾国？'大夫曰：'何以利吾家？'士庶人曰：'何以利吾身？'上下交征利，而国危矣！万乘之国，弑其君者必千乘之家；千乘之国，弑其君者必百乘之家。万取千焉，千取百焉，不为不多矣。苟为后义而先利，不夺不餍。未有仁而遗其亲者也，未有义而后其君者也。王亦曰仁义而已矣，何必曰利？"（原文录于《孟子七篇·卷一·梁惠王上·首章》）

古代车马图

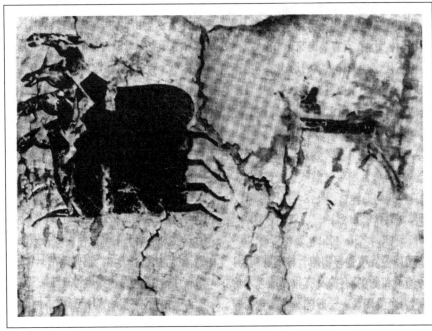

古代骖乘图（三马车称为"骖"，四马车称为"乘"）

【译文】

孟子去见梁惠王。惠王问孟子道："老人家不远千里而来，一定也有利于我国强盛的办法吧？"

孟子回答道："大王何必谈利呢？一个国家有'仁义'二字也就足够了啊！在一个国家，如果君王说：'怎样利我国？'大夫说：'怎样利我家？'士子百姓说：'怎样利我自己？'上上下下都在交取其利，那国家就危险了。有万乘战车的大国，弑君者必是他部下拥有千乘战车的公卿；有千乘战车的国家的弑君者，必是他部下拥有百乘战车的大夫。臣取君利，君万而臣取其千，君千而臣取其百，不能说不够多啊。可是，如果人人都把'义'字放到后面，而把争权夺利放在前面，那就会变成贪得无厌，有一刻不去争夺都不满足了。但是从未有讲仁善的人，会为利而抛弃他的父母的；也没有讲义理的臣下，会在危急中见利忘义而把君主扔在后面的。大王你也只要讲仁义就够了，何必言利在先呢？"

【注解】

本章是《孟子》七篇卷一的开篇首章，足见孟子学派对义利观的重视程度。梁惠王本来是魏国的一个侯爵，封在梁地，以大梁为都城，自立为王。后来，被齐、秦、楚三国打败，梁惠王不惜重金，派人四处搜罗、征聘贤才，一心想强兵复仇。孟子就是在这时来见梁惠王的。尽管孟子讲的道理是治国的根本大道，但远水不解近渴，梁惠王要的是能帮他打胜仗的人和办法。因此，孟子的道理不但不被接受，反而被认为是高谈阔论，不解决实际问题。

"叟"，对老人的称谓。但至少不是对上宾的尊称。梁惠王一见面就称为"叟"，显然并没太看得起孟子，听了他的言论，就更疏远他了。所谓道不同不相为谋者。"士庶人"，学子与百姓。"不夺不餍"，不去争夺就不满足。"上下交征利"，在上者与下争利，在下者分上之肥。"万乘之国"，拥有一万辆战车的大国，君主拥千里之地，万乘之车，称"天子"。"千乘之国"，为诸侯国，王者拥有百里之地，千乘之车。"千乘之家"，为天子的公卿，有地百里，车千辆。"百乘之家"，为诸侯国的大夫，有车百辆。"弑"，以下杀上称"弑"。"餍"，满足。

朱子注称："此章言仁义根于人心之固有，天理之公也。利心生于物我之相形，人欲之私也。循天理，则不求利而自无不利；徇人欲，则求利未得而害已随之。所谓毫厘之差，千里之谬。此孟子之书所以造端托始之深意，学者所宜精察而明辨也。"

四十五、圣盗之别，只在利善之间

孟子曰："鸡鸣而起，孳孳为善者，舜之徒也；鸡鸣而起，孳孳为利者，跖之徒也。欲知舜与跖之分，无他，利与善之间也。"（原文录于《孟子七篇·卷七·尽心上·鸡鸣章》）

【译文】

孟子说："从一大早鸡叫时就爬起来，一心不倦地去做善事、修善心的人，就是圣人舜一类的人；从一大早鸡叫时就爬起来，一心不倦地去思虑怎样谋私利、挣钱财的人，就是大盗跖一类的人。想要知晓圣与盗的区别，没有别的，只在利与善之间。"

商人遇盗图

祭祀文王图

【注解】

本章讲圣、盗的区别，只在于为善、为利的不同。

朱子注："孳孳"，勤勉之义。"跖（zhí）"，春秋时大盗名。"间"，程子注："言间者，谓去不远，所争毫末耳。善与利，公私而已矣。"或问："鸡鸣而起，若未接物，如何为善？"程子答道："只主于敬，便是为善。"

四十六、义重自当舍生取义，死轻则可避死就生

孟子曰："鱼，我所欲也，熊掌亦我所欲也。二者不可得兼，舍鱼而取熊掌者也。生亦我所欲也，义亦我所欲也。二者不可得兼，舍生而取义者也。生亦我所欲，所欲有甚于生者，故不为苟得也；死亦我所恶，所恶有甚于死者，故患有所不辟也。如使人之所欲莫甚于生，则凡可以得生者，何不用也？使人之所恶，莫甚于死者，则凡可以辟患者，何不为也？由是则生而有不用也，由是则可以辟患而有不为也。是故所欲有甚于生者，所恶有甚于死者，非独贤者有是心也，人皆有之，贤者能勿丧耳。

"一箪食，一豆羹，得之则生，弗得则死。呼尔而与之，行道之人弗受；蹴尔而与之，乞人不屑也。万钟则不辩礼义而受之。万钟于我何加焉？为宫室之美、妻妾之奉、所识穷乏者得我与？乡为身死而不受，今为宫室之美为之；乡为身死而不受，今为妻妾之奉为之；乡为身死而不受，今为所识穷乏者得我而为之，是亦不可以已乎？此之谓失其本心。"（原文录于《孟子七篇·卷六·告子上·鱼我章》）

【译文】

　　孟子说："鱼，是我想得到的，熊掌也是我想得到的。如果二者不可兼得，那么我宁可放弃鱼而取熊掌。生存，是我希望的；义，也是我要坚守的。如果二者不可兼得，那么我宁肯舍弃生存而取义行。生存虽然是我想要的，但如果要坚守的有比生存更重要的，那么我不会贪生苟活；死也是我不愿的，但我不愿的如果有更甚于死的，那么遇到祸患、灾难时我不会躲避的。如果在人的希望中，没有比生存更重要的，那么凡是可以生存下来的办法，为什么不用呢？如果人不愿的没有比死更难以忍受的，那么凡是可以躲避灾祸的努力，为什么不去做呢？也正为此，有生的办法而不用，有可以避祸的办法而不去做，是因为人想要的有比生存更重要的，人不愿的有超过了死的。这并不单单是贤者有这种心态，而是人人都有此心。贤人之所以贤，不过是因为他能坚守住而不丧失罢了。

　　"一竹箩饭、一碗豆汤，得食而生，不得食而死。但如果是很不尊敬地呼喝咄啐着来给他，就是路人也不肯接受的；如果再用脚来踢踏，那就是讨饭的也会不屑一顾的。如果有了可得俸禄万钟的品级的官职，不分辨一下是否合于礼义就接受了，那么这万钟的俸禄对于自身的益处有什么增加呢？难道只为了可以建造美的宫室，可以妻妾侍奉，可以让认识的穷朋友得到自己的帮助吗？从前宁可舍弃生存也不愿做的，现在为了建造美的宫室就做了；从前宁可舍弃生存而不肯接受的，现在为了有妻妾的侍奉就接受了；从前宁可舍弃生存而不肯为之的，现在为了有助于穷朋友而为之了，这种做法还不该停止吗？这就叫作丧失了人的本性。"

本章有双重理喻。其一，道义不仅重于利，而且重于生命。与西方近现代关于"为了生存可以舍弃生存"的理论有异时同工之妙。其二，方法论意义上的利害相权说。两利相权，取其大者而为之；两害相权，取其小者而为之。义大于生时，可以舍生取义；义不须舍生时，何必去寻死？此论当是不害人的义利观、生死观。

"呼"，朱子注："咄啐之貌。"也就是一边很不礼貌地吆喝着，一边吐唾液污辱人。"所识穷乏者"，所相识的穷朋友。"得我"，得到自己的帮助。

四十七、孟子不可辅霸，王良不可驾猎

陈代曰："不见诸侯，宜若小然；今一见之，大则以王，小则以霸。且《志》曰：'枉尺而直寻。'宜若可为也。"

孟子曰："昔齐景公田，招虞人以旌，不至，将杀之。志士不忘在沟壑，勇士不忘丧其元。孔子奚取焉？取非其招不往也。如不待其招而往，何哉？且夫枉尺而直寻者以利言也。如以利，则枉寻直尺而利，亦可为与？昔者赵简子使王良与嬖奚乘，终日而不获一禽。嬖奚反命曰：'天下之贱工也。'或以告王良。良曰：'请复之。'强而后可，一朝而获十禽。嬖奚反命曰：'天下之良工也。'简子曰：'我使掌与女乘。'谓王良，良不可，曰：'吾为之范我驰驱，终日不获一；为之诡遇，一朝而获十。《诗》云："不失其驰，舍矢如破。"我不贯与小人乘，请辞。'御者且羞与射者比；比而得禽兽，虽若丘陵，弗为也。如枉道而从彼，何也？且子过矣！枉己者，未有能直人者也。"（原文录于《孟子七篇·卷三·滕文公

下·陈代章》）

【译文】

　　孟子的学生陈代问他说："我觉得您不肯见诸侯，有些太拘小节了。如果您现在去见也不晚，一旦见用，大则可以辅其成就王业，小则可以成就霸业，《志》上讲过：'委屈自己一尺，便可伸直八尺。'似乎这是可为的吧。"

　　孟子回答道："从前齐景公打猎，用征召士大夫的旌，来召用守苑林的小吏也召不来。齐景公想杀他们。孔子称赞他们说，有志气的人哪怕横尸沟壑也不会忘记应坚守仁善名节；勇敢的人哪怕砍去头颅也不会失其义行。这是为什么呢？无非取其虽有利诱在前，威逼在后而不改其心志。如果没有诸侯的聘请，我就自己去见他们，这是什么道理呢？难道我还不如这些职守园林的小吏吗？更何况那种以小屈而求大伸的说法，无非为逐利而言的。如果为了利而以大屈求小伸去得利，就可以那样做吗？从前赵简子曾经派全国闻名的驭手王良，为他宠幸的臣子奚去驾车行猎。一天到头也没猎到一只鸟。奚回来便对赵简子说：'王良是天下最不好的驾车人。'有人把这话告诉了王良，王良便让人请奚再试一次。在王良的坚持下，那个奚勉强同意再让他驾一次车去打猎，结果一个早上，便打到了十只鸟。奚回来后便对赵简子说：'王良是天下最好的驾车人。'赵简子说：'那我就让他专门给你驾车吧。'可是，王良却不同意地说道：'我为他规范驾车，驰驱终日而一无所获；我为他胡乱驾车，而一个早上便打到十只鸟。《诗经》上说："驾车的不失其驰驱之法，射箭的支支中的。"我不习惯为不讲法则、规矩的小人驾车，还是辞去这个差事吧。'一个驾车的人都羞于委屈自己去和小人射手比肩同车，哪怕两个人一起合作，可以猎获的鸟兽堆得像小山那样高，也不肯去和他共事。如果我放弃了仁义之道去屈从诸侯，那么这算什么呢？更何况那些屈辱自己的人是从来不能匡正别人的啊！"

【注解】

这一章主要教人不可委屈自己的心志去附就小人的道理，而且认为那些自身不正的人是无以正人的。但所引王良驾车出猎的事未必全有道理。打猎的目的就是要有所猎获，你只管你驾车的路数，让人一无所获，那哪个猎手还会用你来驾车呢？这就像伴奏者的任务主要是让演唱者唱得更好，而不是表现你自己的技艺多么高超，这是为人处世的一个守则。这也是孟子可为师圣，而不可为帝王辅宰，王良虽为善驭者而不可为猎者车驾的道理吧！天下事求取各得其所，各取所需而已。

赵岐注此章称："谓陈代之言过谬也。人当以直矫枉耳，己自枉曲，何能正人？"孙奭疏称："此章言修礼守正，非招不往。枉道富贵，君子不许也。"

"枉尺而直寻"，古制八尺为一寻，枉为屈义。这句话的意思是屈一尺可以伸八尺，引申为小屈大伸的意思。"田"，打猎。"虞人"，看守园林的小吏。"招虞人以旌"，朱子注称："招大夫以旌，招虞人以皮冠。""赵简子"，春秋时代晋国大夫赵鞅。"王良"，晋国最好的驾车人。"嬖奚"，赵氏的一个宠臣，名叫奚。"女"，汝，你。"直人"，正人以直。

四十八、"三不能"者为大丈夫

景春曰："公孙衍、张仪岂不诚大丈夫哉？一怒而诸侯惧，安居而天下熄。"

　　孟子曰："是焉得为大丈夫乎？子未学礼乎？丈夫之冠也，父命之。女子之嫁也，母命之，往送之门，戒之曰：'往之女家，必敬必戒，无违夫子！'以顺为正者，妾妇之道也。居天下之广居，立天下之正位，行天下之大道。得志与民由之，不得志独行其道。富贵不能淫，贫贱不能移，威武不能屈，此之谓大丈夫。"（原文录于《孟子七篇·卷三·滕文公下·景春章》）

【曾国藩按语】此章亦剖别义利之最严者。妾妇之道，阿谀苟容，窃取权势，利也。丈夫之事，直道而行，浩然无累，义也。故朱子编入此卷。

【译文】

　　有一个叫景春的人对孟子说道："公孙衍、张仪这样的人，怎能说不是真正的大丈夫呢？他们开口一怒，天下诸侯都害怕；他们只要安居于家，天下就太平而战事息。"

　　孟子说："这种人怎么能算得上大丈夫呢？你没学过礼节吗？《礼经》上说男子成人举行加冠仪式时，父亲要教导他做男人的责任；女子出嫁时，母亲要教导她怎样谨守妇道，送到门口时还要叮嘱：'到了你的家，一定要恭敬，一定要顺从，不要违逆自己的丈夫！'以顺从为正道，这只是为人妾妇者应恪守的准则。男子应该心居于天下最广大的仁善之宅，立身于天下不偏不倚之正位，践行礼义这条天下大道，得志便与百姓共行此道，不得志则独善其身。富贵不能动其心志，贫贱不能变其气节，威权强力不能使之屈服的人，才称得上真正的大丈夫。"

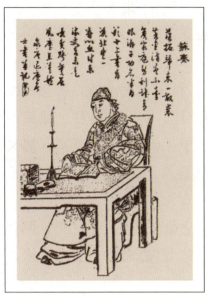

战国合纵家苏秦

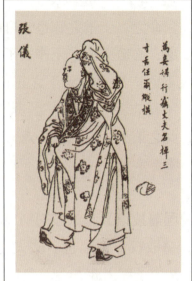

战国连横家张仪

苏秦六国封相图

　　苏秦拜六国相印衣锦还乡，六国派使臣捧印相随，父母兄嫂诚惶诚恐，出庐相迎。

《仙佛奇踪》插图

鬼谷子像

春秋时期，纵横学派的开山鼻祖鬼谷子，专门培养游说专业人才，张仪、苏秦就是他的弟子。

富贵不能淫（陶公种竹养鱼万倍利致富全图）

贫贱不能移（颜回问仁图）

威武不能屈（完璧归赵图）

"三不能"大丈夫图

【注解】

本段主要讲什么样的人，才称得上真正的大丈夫。像公孙衍、张仪那一类人，既不讲仁义道德，又不事劳作，不行仁义之事，只凭三寸不烂之舌，耸人听闻兜售利害的说辞，而博取利禄权位，即使能耸动君王，身居要位，也称不上是大丈夫。只有那些居仁、守善、行义的人才能称得上是真正的大丈夫。

"公孙衍"，战国说客，专以世人无所闻之大言而耸动天下者。"张仪"，战国时代与苏秦齐名的纵横家。苏秦专事说动六国联合抗秦；张仪则专门说动秦国单独与各国联盟，而瓦解六国的"抗联"。"丈夫之冠"，古代男子长大成人要行加冠仪式，证明他是成人了。"女家"，汝家、你家。朱子注："女家，夫家也。妇人内夫家，以嫁为归也。夫子，夫也。女子从人，以顺为正道也。盖言二子（公孙衍、张仪）阿谀苟容，窃取权势，乃妾妇顺从之道耳，非丈夫之事也。"

四十九、以利说人者亡，以仁相接者兴

宋牼将之楚，孟子遇于石丘，曰："先生将何之？"

曰："吾闻秦、楚构兵，我将见楚王说而罢之。楚王不悦，我将见秦王说而罢之。二王我将有所遇焉。"

曰："轲也请无问其详，愿闻其指。说之将何如？"

曰："我将言其不利也。"

曰："先生之志则大矣，先生之号则不可。先生以利说秦、楚之王，秦、楚之王悦于利，以罢三军之师，是三军之士乐罢而悦于利也。为人臣者怀利以事其君，为人子者怀利以事其父，为人弟者怀利以事其兄，是君臣、父子、兄弟终去仁

义，怀利以相接，然而不亡者，未之有也。先生以仁义说秦、楚之王，秦、楚之王悦于仁义，而罢三军之师，是三军之士乐罢而悦于仁义也。为人臣者怀仁义以事其君，为人子者怀仁义以事其父，为人弟者怀仁义以事其兄，是君臣、父子、兄弟去利，怀仁义以相接也，然而不王者，未之有也。何必曰利？"

（原文录于《孟子七篇·卷六·告子下·宋轻章》）

【译文】

宋轻将要到楚国去，孟子在石丘遇到了他，问道："先生准备去哪里啊？"

宋轻答道："我听说秦、楚二国交兵，我想去见楚王说服他罢兵。如果他不高兴，那么我准备再去见秦王，说服他罢兵。这两个王，我都想去见的啊！"

孟子问道："我孟轲也不想问那些细节，但很乐于听一下您想说服他们的主旨。先生用什么去说服他们？"

宋轻回答道："我将用二国交战的不利来说服他们。"

孟子说道："先生之志是很大的，但先生以这样的名义说则不可以。先生如果以利说服秦、楚二王罢兵了，那么二王与士兵都是为了利而罢兵的。为人臣下者以利心事君，为人子者以利心事父，为人弟者以利心事兄，这是君臣、父子、兄弟之间丢掉了仁义，以利害相处，如此而不灭亡的，还没有过的。如果先生以仁义说服二王罢兵了，那么二王与士兵都是为了仁义而罢兵的。臣下以仁义之心事君，人子以仁义之心事父，人弟以仁义之心事兄，是君臣、父子、兄弟之间去利心而以仁义相处，如此而不兴旺的，也是没有过的。何必言必称利呢？"

【注解】

这段对话主要是讲以仁义而兴，以利而亡的道理。但用两国交兵的事而言仁义，似有不妥。春秋本无义战，战国又何仁可言？理虽明，而事相违。孟子之逻辑亦多此类之牵强。所有古人之言，不在信与不信，而在于如何为用，用于何处是为切要。

"说（shuì）而罢之"，说服他罢战息兵。"轲"，孟子之名。"指"，同"旨"，大要之处。"号"，名，主张，说法。名不正则言不顺，劝人当以正，以大义。

五十、先知当启后知，先觉当觉后觉

万章问曰："人有言伊尹以割烹要汤，有诸？"

孟子曰："否，不然。伊尹耕于有莘之野，而乐尧、舜之道焉。非其义也，非其道也，禄之以天下，弗顾也；系马千驷，弗视也。非其义也，非其道也，一介不以与人，一介不以取诸人。汤使人以币聘之，嚣嚣然曰：'我何以汤之聘币为哉？我岂若处畎亩之中，由是以乐尧、舜之道哉？'汤三使往聘之，既而幡然改曰：'与我处畎亩之中，由是以乐尧、舜之道，吾岂若使是君为尧、舜之君哉？吾岂若使是民为尧、舜之民哉？吾岂若于吾身亲见之哉？天之生此民也，使先知觉后知，使先觉觉后觉也。予，天民之先觉者也，予将以斯道觉斯民也。非予觉之而谁也？'思天下之民匹夫匹妇有不被尧、舜之泽者，若己推而内之沟中。其自任以天下之重如此，故就汤而说之以伐夏救民。吾未闻枉己而正人者也，况辱己以正天下者乎？圣人之行不同也，或远或近，或去或不去，归洁其身而已矣。吾闻其以尧、舜之道要汤，末闻以割烹也。《伊训》

曰：'天诛造攻自牧宫，朕载自亳。'"（原文录于《孟子七篇·卷五·万章上·割烹章》）

【译文】

万章向他的老师孟子问道："世人有说商朝的宰相伊尹是以烹调之道论治道，而求职于汤王，受赏识而得到重用的，有这样的事吗？"

孟子回答道："没有，不是这样的。伊尹这个人原本是在有莘国以耕田为生的，他喜欢尧、舜二帝的治国之道。凡是不符合他所坚守的义，不符合他所信奉的道，你就是把天下给他当俸禄，他也会不屑一顾的，就是牵来了四千匹马送给他，他也会无视的。不符合他的义，不符合他的道，一草一芥也不肯给予人，一草一芥也不肯取于人。汤王派使臣带着钱物去聘请他，他却很不在意地说：'我为什么要为了那钱物去受聘于汤王呢？我还不如在我的田地里，像现在这样以尧、舜之道去种地是多么快乐啊？'在汤王三次派人去聘请后，他幡然悔悟，自忖道：'与其我在这块地里，一个人以奉行尧、舜之道为乐，还不如去使汤王为尧、舜之君，还不如去使天下百姓为尧、舜之民呢！而只我一身乐行此道，又怎么能见到尧舜之道遍行于天下呢？上天生养这些不同的民众，是让那些先知道事理的人去觉悟那些后知的人，是让那些先觉悟的人去觉悟那些后觉悟的人。我是天生之民中的先觉悟者，我应该以这道理去觉悟这些百姓。这个任务不是我还有谁来完成呢？'他还想天下的百姓中，如果有一男一女不能享用到尧、舜时代一样的恩泽，就等于是自己把他们推到水沟里一样的不仁义。他是一个把以天下为己任看得如此之重的人，因此才去应聘于汤王，并劝说他起兵讨伐暴虐天下的夏桀，救百姓于水火之中的。我从来没听说过那些屈辱自己的人，会以正道去助人的，更何况是正天下呢？圣人的行事是不同的，有的远离政治，有的在帝王身边，有的离去归隐，有的留在朝中，总归无非要自洁其身罢了。我只听说伊尹以尧、舜之道而去辅佐汤王，而没听说过以厨道而自求的事。《伊训》中记载他的话，说是：'天命诛伐夏桀，初战于牧宫之地，是我辅助汤王在亳地起兵的。'"

【注解】

　　本章是孟子诸篇中十分优秀的一章。以天下为己任的道理讲得正气浩然。虽还是一以贯之地阐述他正己正人正天下的道理，但有唤人振发奋起之力。

　　"伊尹"，商朝开国君主商汤的贤相。"割烹"，指厨艺之道。古有传说他是有莘国的一个奴仆，随嫁到汤王这里，为汤王厨师，因讲烹调之道而比喻治理天下之道，而得汤王赏识任用为首辅。"要汤"，求职于汤王，或邀宠于汤王。"有莘"，上古国名。"驷"，四匹马。"介"，指草芥，"草"为细，"芥"为小。"嚣嚣"，不在意的样子。"先知、先觉"，朱子注："知，谓识其事之所以然；觉，谓悟其理之所以然。"

五十一、识人：近臣观其所为，远臣观其所投

　　万章问曰："或谓孔子于卫主痈疽，于齐主侍人瘠环，有诸乎？"

　　孟子曰："否，不然也，好事者为之也。于卫主颜雠由。弥子之妻与子路之妻，兄弟也。弥子谓子路曰：'孔子主我，卫卿可得也。'子路以告。孔子曰：'有命。'孔子进以礼，

明代绘画《灵公问阵图》（局部）

孔子在卫国与卫灵公会见图

顾恺之《列女仁智图》（局部）

卫灵公与夫人图

退以义，得之不得曰'有命'。而主痈疽与侍人瘠环，是无义无命也。孔子不悦于鲁、卫，遭宋桓司马将要而杀之，微服而过宋。是时孔子当厄，主司城贞子，为陈侯周臣。吾闻观近臣，以其所为主；观远臣，以其所主。若孔子主痈疽与侍人瘠环，何以为孔子？"（原文录于《孟子七篇·卷五·万章上·痈疽章》）

【译文】

万章问孟子说："有人说孔子到卫国住在一个为卫公治痈疽的宠臣那里，到齐国住在一个叫瘠环的太监那里。请教老师有这事吗？"

孟子说："没有，不是这样的，这是那些好搬弄是非的人们编排的。孔子在卫国住在一个叫颜雠由的贤大夫家里。他的妹妹是一个叫作弥子的宠臣之妻。这个宠臣之妻又与孔子的学生子路之妻是姐妹。弥子先对子路说：'孔子要是住到我这里，他可以得卫国的卿的官职。'子路曾把这话学给孔子，孔子却说：'为官是有天命的。'孔子是一个以礼义为进退的人，得不得官做，说由天命。如果他到齐、卫两国，住在那样两个人的家里，就是既失礼又失义，而且有无视天命、巴结仰赖小人之嫌，孔子怎么会如此做呢？孔子在不得志于鲁、卫二国，途经宋国时，宋的桓司马正想截杀他，他只好换了微贱的衣服想通过宋国到陈国去。当时孔子处境艰难，就寄住在司城贞子家中，向陈国国君称臣。我听说要观察在朝的近臣贤与不贤，看他的行为；要观察朝外的、外来的臣子贤与不贤，看他投靠什么人。如果孔子肯住在那两个宠臣小人家里，那还算什么孔子呢？"

【注解】

本章主要讲圣人是处处讲礼义的，连住在什么地方都要考虑到影响，不可随便的。"主痈疽"："主"，住在；"痈疽"，卫国为卫公治痈疽的宠臣，名叫弥子。"侍人瘠环"："侍人"，指齐国一太监；"瘠环"是他的名。"兄弟"，此处指姐妹。"微服"，草民之衣称"微服"。

五十二、人有天性而不可逞性，天有命定而不可唯命

孟子曰："莫非命也，顺受其正。是故知命者，不立乎岩墙之下。尽其道而死者，正命也；桎梏死者，非正命也。"（原文录于《孟子七篇·卷六·尽心上·莫非章》）

孟子曰："口之于味也，目之于色也，耳之于声也，鼻之于臭也，四肢之于安佚也，性也。有命焉，君子不谓性也。仁之于父子也，义之于君臣也，礼之于宾主也，知之于贤者也，圣人之于天道也，命也。有性焉，君子不谓命也。"（原文录于《孟子七篇·卷七·尽心下·口之章》）

【译文】

孟子说："人的吉凶祸福，有什么不是命定的呢？人终有一死，但总该是领受那些正常的死法吧！因此，知天命者绝不肯站在那要倒塌的危墙之下。如果是尽心无违于人道、天道，力行仁善而仍不免一死，那也是正当的、正常的命数。如果因违法犯罪，镣铐而死者，那就不是正常的命数了。"

孟子说："口对于美味，眼睛对于美色，耳朵对于音乐，鼻子对于香气，四肢对于安逸，都是有相同的感受、追求、欲

望的，这些都是我们所说的天性。但一切都是命中有定数的，并不是总能如人所愿的。因此，君子乐天知命，而不言性。仁心生于父子之间，义理起于君臣之际，礼制规于宾主之分，智慧存于贤人之心，圣人立行合于天道，这些都是有定分而不可勉强的。但是，人的心性也是有用的，命也不是不可改变的。因此，君子一方面乐天知命而不强勉，另一方面努力修身养性，而不只是一味地抱怨于天，归咎于命。"

【注解】

这两章是孟子论述"性"与"命"的。主旨教人虽有天性、有欲求，但不可强逞；天有命定、有定数，但并不可随命、认命、唯命，至少可以修身养性，以补天命，以加减定数，乘除命运。如人至少可以通过行仁义善良、主观努力，而得其善终的"正命"，而避其死于"非命"。孟子的"性命论"还是具有朴素的辩证观的。

"顺受其正"，顺天理人性，可得"正命"，而免于"非命"。"桎梏死"，"桎梏"为镣铐，指犯罪入狱，如此而死便为"非命"，不是天定而是人为自咎。"性"，指人的生存欲求，主观心志。"命"，指自然法则的定数，客观的限定，是谓大限、定数之类。"不谓性"，不强勉人的主观欲求，顺其天命。"不谓命"，不唯命，不抱怨命，而要努力去主观修为。"非正命"，赵岐注称："尽修身之道，以寿终者，得正命也。""畏压、溺死，礼所不吊，故曰非正命也。"

五十三、天下事有道不妄求，可有命不可必得

孟子曰："求则得之，舍则失之，是求有益于得也，求

在我者也。求之有道，得之有命，是求无益于得也，求在外者也。"（原文录于《孟子七篇·卷七·尽心上·求则章》）

【译文】

孟子说："对于仁义善德，你努力求取，便可得到；放弃了也就失去了。这种求取是有益于所得的，这是求于自身仁善天性的。对于富贵、功名这些外物，求取是有其正道的，能不能得到则是有定数的。这种求取是无益于你个人所得的，因为你求取的是身外之物。"

【注解】

本章是教人努力于自身内德的修为，这是有益于个人所得的。而不要总是追求那些身外之物，忘记根本。本章与孟子的"人爵""天爵"思想是一脉相承的。

"在我者"，朱子注："在我者，谓仁义礼智，凡性之所有者。""有道"，朱子注："有道，言不可妄求。""有命"，朱子注："有命，则不可必得。""在外者"，朱子注："在外者，谓富贵利达，凡外物皆是。"赵氏曰："言为仁由己，富贵在天，如不可求，从吾所好。"

五十四、君子"三乐"与"三不为"

孟子曰："君子有三乐，而王天下不与存焉。父母俱存，兄弟无故，一乐也。仰不愧于天，俯不怍于人，二乐也。得天下英才而教育之，三乐也。君子有三乐，而王天下不与存焉。"（原文录于《孟子七篇·卷七·尽心上·三乐章》）

孟子曰："广土众民，君子欲之，所乐不存焉；中天下而立，定四海之民，君子乐之，所性不存焉。君子所性，虽大行不加焉，虽穷居不损焉，分定故也。君子所性，仁、义、礼、智根于心。其生色也，睟然，见于面，盎于背，施于四体，四体不言而喻。"（原文录于《孟子七篇·卷七·尽心上·广土章》）

孟子曰："说大人则藐之，勿视其巍巍然。堂高数仞，榱题数尺，我得志，弗为也；食前方丈，侍妾数百人，我得志，弗为也；般乐饮酒，驱骋田猎，后车千乘，我得志弗为也。在彼者，皆我所不为也；在我者，皆古之制也。吾何畏彼哉？"（原文录于《孟子七篇·卷七·尽心下·说大章》）

【曾国藩按语】右三章，言内重则外自轻，亦必义利之介明，乃能见此。故朱子编入此卷。

【译文一】

孟子说："君子有三种快乐，但称王天下不包括在内。父母双全、兄弟和好，这是第一种快乐；做事抬头对天无愧无损于天良，低头对人无所羞惭，这是第二种快乐；自己有学养、修养，可以对身边的天下英才进行教育、培养，这是第三种快乐。君子有这三种快乐，但称王天下不包括在内。"

【注解】

本章讲君子有三件乐事，但称王天下不包括在内。意在阐明人的仁善天性之乐，不是来自身外之物之乐所可比的。"不与存"，不在其内，不可相比。

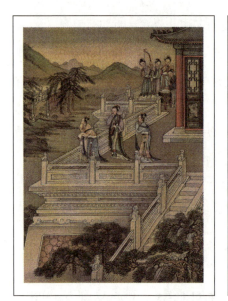

清朝宫廷画

君子"三不为"图

孟子说："君子得志，高堂雕题不为，妻妾成群不为，饮乐射猎不为。"

【译文二】

孟子说："地广人多，是诸侯王希望的，但使他快乐的不在此；独立于天下中央，泽被天下民众，是诸侯王乐为的，但他的天性本心不在此。君子之人的秉性，虽然其道大行天下，却无以使其增加；虽然穷居一隅不得通达，也无以使其减少。因为人的本性是天定的，是不会改变的。君子仁、义、礼、智德行的根本是生在他心中的。虽然是看不见的，但是这些能得到光大，就会有一种润泽的光彩，流放在脸上，丰盈于背后，他的四体周身都散发出一种高贵从容的气质。他四体的举止行为，不用人说便知其所以然。"

【注解】

本章讲人之所乐，不在所得天下外物的多少，而在本心的仁善与否。以天下之广、民众之多而不可得其心中愉悦，只有生于内心的仁、义、礼、智之德才会使人充盈愉悦。正所谓广土不如广心，积功不如积德，方有真乐。

"所乐不存"，不是为乐。"所性不存"句，朱子注："其道大行，无一夫不被其泽，故君子乐之。然其所得于天者则不在是也。""分定"，天分所定。朱子注："分者，所得于天之全体，故不以穷达而有异。""睟（suì）然"，朱子注："清和润泽之貌。""盎"，朱子注："丰厚盈溢之意。""施于四体"，朱子注："谓见于动作威仪之间也。""四体不言而喻"，朱子注："言四体不待吾言，而自能晓吾意也。盖气禀清明，无物欲之累，则性之四德（仁、义、礼、智）根本于心，其积之盛，则发而着见于外者，不待言而不顺也。"

孟子说："去游说那些权贵大人，就一定要心轻他，不要看到他高高在上的样子就畏惧。虽然他居住之处有数丈之高，椽头屋桷有几尺宽，但我如果得志，那么是不会如此的；虽然他进餐时面前的桌子摆得一丈见方那么大，前后侍奉的美妾有几百人，但我如果得志，那么是不会如此的；虽然他可以肆意作乐饮酒，到处驱车游猎，后面的随行车马有千乘之多，但我如果得志，那么是不会如此的。在他看来都是高贵的事，却都是我不肯为之的，而我奉行的，都是古代圣贤的定制。如此，我在他的面前又有什么可畏惧的呢？"

【注解】

本章讲君子之人在权贵大人面前要有底气，不要为他的权势与表面气象所屈服。朱子引杨氏注称："孟子此章，以己之长，方人之短，犹有此等气象，在孔子则无此矣。""说（shuì）大人"："说"，游说义；"大人"，指权贵者、诸侯王。"藐之"，要在心里轻视他。"仞"，古制八尺为一仞。"榱（cuī）题"："榱"，屋椽子；"题"，头，指椽子头。屋椽分内外，"榱题"指屋檐下承重的外椽。而方头的则称"桷（jué）"，因有合称"榱桷"的，二者合于檐下非常气派华丽。"般（pán）乐"，尽情作乐义。

以上三章，曾国藩统一加按语，称这三章"言内重外自轻，亦死义利之介明，乃能见此"。意思是说，做人能够有内修功夫，自身自然厚重，而外物无论富贵、权势自然看轻，人自然不会为外物所屈，立帝王面前依然自如。但只有把生死、义利的界限看分明的人，才能达此种境界。

中国似有史以来便以官本位为重，正为此才有须看轻之论。因此，古人不但把官本位列于"人间五福"之外，孟子也把官本位列于"君子三乐"之外。因为官位本是身外之物，不属于自身的，是"人爵"，而非"天爵"。此处亦足见孟子注重内修仁善思想之一贯。

五十五、穷达际遇非小人之力能行止

鲁平公将出，嬖人臧仓者请曰："他日君出，则必命有司所之。今乘舆已驾矣，有司未知所之，敢请。"

公曰："将见孟子。"

曰："何哉，君所为轻身以先于匹夫者？以为贤乎？礼义由贤者出，而孟子之后丧逾前丧。君无见焉。"

公曰："诺。"

乐正子入见，曰："君奚为不见孟轲也？"

曰："或告寡人曰：'孟子之后丧逾前丧。'是以不往见也。"

曰："何哉，君所谓逾者？前以士，后以大夫；前以三鼎，而后以五鼎与？"

曰："否。谓棺椁衣衾之美也。"

曰："非所谓逾也，贫富不同也。"

乐正子见孟子，曰："克告于君，君为来见也。嬖人有臧仓者沮君，君是以不果来也。"

曰："行或使之，止或尼之。行、止，非人所能也。吾之不遇鲁侯，天也。臧氏之子，焉能使予不遇哉？"（原文录于《孟子七篇·卷一·梁惠王下·鲁平章》）

【译文】

鲁平公在于鲁国为官的孟子学生乐正子的荐引下，准备出行会见孟子。他的一个宠臣臧仓便请示道："平时您出宫，一定会告知管事的去哪里。今天你的车驾已经备好了，可是管事的还什么都不知道呢，敢问您去何处？"

鲁平公说："准备去会见孟子。"

臧仓便说道："您这是为什么呢，轻身屈驾加礼在先于一个匹夫之辈？因为他是贤人吗？礼义应该是从贤者自身做起的，而孟子在为母亲办丧事时，在礼上远超过了父亲的丧事。您还是不见这个不讲礼义的人为好。"

鲁平公说："是。"

乐正子见鲁平公改变了主意，便进宫对他说："您为什么不去见孟子了呢？"

鲁平公答道："有人告诉我说孟子不讲礼义，母亲的丧礼超过了父亲，因此不去见他了。"

乐正子说："这是什么话呢？您说的不礼，是指他对父亲用士人的三鼎之礼，对母亲用大夫的五鼎之礼吗？这是因为他的身份前后不同啊！"

鲁平公回答道："不是的。是其母的棺椁与衣被之物比其父优厚奢侈。"

乐正子说："这也不涉礼义啊，不过是父亲去世于前，母亲去世于后，是前后家境贫富不同啊！"

乐正子见到他的老师孟子便说道："我向平公介绍了您，他本来要见您。可是，那个宠臣臧仓说您的坏话，阻止了他，因此他不来了。"

孟子说："我的主张实行，必得有人使用它；行不通，必得有人阻止它。而行得通行不通的事，不是人力所能够的。我不得际遇鲁公，是天意，哪里是臧氏这种人的一己之力能够阻止，使我不得与鲁公相见的呢？"

【注解】

本章仍是在论述孟子的天命观。孟子认为，圣人之道是否得行于天下，君臣际遇如何，都是天的力量在决定，是一种命之定数，天将行之，必有人相助；命无际遇，必有人相阻。这种观点尽管有些唯心，但至少可让人得些许自我安慰。

"后丧逾前丧"，孟子早年丧父，家贫简葬；其母后丧，葬礼自然要比以前优厚一些。而小人攻击他"后丧逾前丧"是轻父重母的不合礼义之举。"三鼎、五鼎"，朱子注："三鼎，士祭礼。五鼎，大夫祭礼。""克"，乐正子名为乐克。"止、尼"，都是阻止之义。

五十六、理想主义者的世界永在遥远的身后

孟子去齐，充虞路问曰："夫子若有不豫色然。前日虞闻诸夫子曰：'君子不怨天，不尤人。'"

曰："彼一时，此一时也。五百年必有王者兴，其间必有名世者。由周而来，七百有余岁矣。以其数，则过矣；以其时考之，则可矣。夫天未欲平治天下也，如欲平治天下，当今之世，舍我其谁也？吾何为不豫哉？"（原文录于《孟子七篇·卷二·公孙丑下·充虞章》）

【曾国藩按语】色之不豫，若出于忧世之诚，则为义；若有一毫谋己之私，则为利。此圣贤内断之心，辨于微芒之间者。

【译文】

孟子离开了齐国，他的弟子充虞在离去的路上问道："先生好像有点不高兴的样子。以前我还听先生说：'君子是知天命的，既不怨于天，也不恨于人。'"

孟子说："那时是那时，现在是现在。自古以来，过五百年必定有统一天下的王者兴起，同时也必定有辅佐这王的名世之贤臣出现。从周朝兴起到现在，已有七百多年了。按年数来算，已经超过了五百年的定数；就是从现在的时势来考量，也该有救民治世的人出现才可以啊！天啊，也许还不想平治天下吧，如果想平治天下，当今之世，除了我还有谁能当此大任呢？由此想来我为什么不高兴呢？"

【注解】

这章是孟子十分失意地离开他任职过一段时间的齐国后，与他弟子的一段对话。齐王曾留用他，但由于不合用，便把他闲置起来。他觉得很失望，便离开了齐王，但又心存齐王召他回任的希望，但最终让他失望了。因此，他心里十分忧虑、不快。但他说没什么不愉快的。而那种自负于天下而又不得见用于时世的矛盾心态，何尝会使人快乐呢？而古今中外理想主义者的世界，注定了只能是永远在他们身后且久远的年代。而在当世是很少有他们的政治座椅的，更不要说舞台了。这也许正是那些理想主义知识者的"天命"吧！

"充虞"，孟子学生的名字。"路问"，在归途中问他。"豫"，愉悦。"尤人"，恨他人。"五百年必有王者兴"，自尧、舜而至商汤，自商汤而至西周文王、武王，都间隔了五百余年，而同时都有圣贤名臣辅佐他们。"数"，五百年之期。"时"，久乱思治之时。

五十七、强为善者，后世子孙必旺

滕文公问曰："齐人将筑薛，吾甚恐。如之何则可？"

孟子对曰："昔者太王居邠，狄人侵之。去之岐山之下居焉，非择而取之，不得已也。苟为善，后世子孙必有王者矣。君子创业垂统，为可继也。若夫成功，则天也。君如彼何哉？强为善而已矣。"（原文录于《孟子七篇·卷一·梁惠王下·筑薛章》）

【曾国藩按语】此章言谋国之道，虽极危急存亡之秋，而义利之辨，尤不可忽。董子所称"正其谊不谋其利，明其道不计其功"，正与此同旨。

【译文】

滕文公问孟子说："齐国准备在我的邻界薛地建城，我很害怕，如果他建城我怎样去防备才可以呢？"

孟子回答道："从前周朝的先祖太王率人民居住在邠地，北方的狄族人来侵略。他便率人民迁移到岐山之下去居住，这不是他要选那里去住的，是不得已而为之的事。人如果能行善积德，他的后世子孙就必定兴旺发达，会有称王的。因此，君子创下善的基业，后世子孙便会继续统治下去。至于说到成功，则是天的力量了，人能够奈何得了天怎样呢？只有强自为善而已。"

【注解】

本章是孟子劝滕文公修善自强的一段话，道理很透彻。

有道是"爷爷奶奶积儿孙",就和孟子所言"苟为善,后世子孙必有王者"是一个意思。但滕文公要解决的问题不是子孙后代的问题,而是对齐国筑薛的对策,是国防安全的大问题,怎么只能靠让步与积善来解决呢?孟子到了哪国,不管人家问什么,都是仁、义、礼、智,以善为本,以内修为根。修得齐天又怎抵挡得住狼与虎?在那个时代,真是一肚皮不合时宜,因此,他只被冠以"迂阔"的大名,而无一国用他。作为教育家,他是很够格的,但做王佐帝相则绝非其才可任,而其却自命"舍我其谁",结果也只能是"人皆舍我"而已。但他的思想对后人却大有裨益。

"薛",国名,是滕的邻国,被齐国占领。"太王",周朝的先祖,有版本为"大王"的,似不通。"邠(bīn)",通"豳"。

五十八、人不可以"饥渴"为心害

孟子曰:"饥者甘食,渴者甘饮,是未得饮食之正也,饥渴害之也。岂惟口腹有饥渴之害?人心亦皆有害。人能无以饥渴之害为心害,则不及人不为忧矣。"(原文录于《孟子七篇·卷七·尽心上·饥者章》)

孟子曰:"人有不为也,而后可以有为。"(原文录于《孟子七篇·卷四·离娄下·人有章》)

【译文】

孟子说:"饥饿者会觉得什么饭食都好吃,干渴的人会觉得什么水浆都好喝,这是不得正常饮食之道的,不过是饥渴害得他如此。而世间事岂止口腹有饥渴之害呢?人的心也常常遭受此害的。人如果能够理智地不以饥不择食、渴不择饮之口腹之害来害心，那么即使是有不如人之处也不足为忧的了。"

孟子说："人必得有不去做的事，然后才可以大有作为。"

【注解】

"心害"，朱子注："口腹为饥渴所害，故于饮食不暇择，而失其正味；人心为贫贱所害，故于富贵不暇择，而失其正理。"其实，饥渴之害，何止失正味？而大可失其命。人心之害又何止于贫贱？不得其正，无正心，不行正道，必处处受害。"不及人不为忧"，朱子注："人能不以贫贱之故而动其心，则过人远矣。"

五十九、做官为钱者当选低职而就

孟子曰："仕非为贫也，而有时乎为贫；娶妻非为养也，而有时乎为养。为贫者，辞尊居卑，辞富居贫。辞尊居卑，辞富居贫，恶乎宜乎？抱关击柝。孔子尝为委吏矣，口：'会计当而已矣。'尝为乘田矣，曰：'牛羊茁壮长而已矣。'位卑而言高，罪也；立乎人之本朝，而道不行，耻也。"（原文录于《孟子七篇·卷五·万章下·为贫章》）

【译文】

孟子说："人出仕为官不是因为贫穷，而有时也是为了免除贫穷的。人娶妻不是为了奉养父母，而有时也是为了奉养父母。为解贫穷而为官者，就应该辞去高位而就下职，辞去高俸而取其低薪。拒绝高位，担任卑职，拒绝厚禄，接受薄俸，那要任什么样的职位才合适呢？比如，就去做个把守城门的小

孔子为农业小吏时图

冉有为孔子驾车图

孔子行仁义图

孔子贵黍贱桃图

三圣图

三个人的衣纹是一部完整的《论语》所形成的。

《孔子论政图》（局部）

孔子在卫国与卫灵公会见图

吏或敲梆子报夜更的小吏。孔子当初也被委任过小吏，是管库房的，曾说道：'只要把账目核算明白就可以了。'他也当过管理田园畜牧的小吏，曾说道：'只要让牛羊肥壮长大就可以了。'孔子之所以如此讲，是因为身处小官之位却去讲那些高官应讲的话，那是一种罪；那么，孔子为什么不做大一点的官呢？因为立于国家朝廷之上，而自己的主张又不能实行，是一件很耻辱的事。"

【注解】

孟子在这里讲的是，做官如果是为了改变贫穷，为了钱，就不应该去谋求重要的职位与厚禄，因为那是要担当相应责任，而且要推行治国之道的，应让给那些贤能的人去做，而不能为了私利而不顾如此大义。而且小官容易胜职又不负有大责任。

"贫、富"，朱子注："谓禄之厚薄。""恶乎宜乎"，赵岐注称：辞尊、富者适合做什么呢？

【曾国藩卷尾按语】官卑而不能行道，尚能称职者，则为义。官尊而不能行道，但知苟禄者，则为利。凡义利无定，在随其所居之位，所值之时，而公私枉直，确有不可易之界。易之道，所为随时变易，以处中也。《孟子》七篇，于辞受取与、出处进退之间，所以剖析义利者致详。

第四章　王霸论

国藩谨按：此卷辨王霸之方，明治道之要。

——曾刻版《孟子要略》原书卷四之

曾国藩卷首按语

六十、王道之本为保民衣食；王者之心在不忍；

善度他人之心而推恩及人可运天下于掌中；

权后知轻重，度后知长短；不量力而强求必有后灾；

中国最原始的理想国、太阳城

齐宣王问曰："齐桓、晋文之事，可得闻乎？"

孟子对曰："仲尼之徒，无道桓、文之事者，是以后世无传焉，臣未之闻也。无以，则王乎？"

曰："德何如，则可以王矣？"

曰："保民而王，莫之能御也。"

曰："若寡人者，可以保民乎哉？"

曰："可。"

曰："何由知吾可也？"

曰："臣闻之胡龁曰：王坐于堂上，有牵牛而过堂下者，王见之，曰：'牛何之？'对曰：'将以衅钟。'王曰：'舍之！吾不忍其觳觫，若无罪而就死地。'对曰：'然则废衅钟与？'曰：'何可废也？以羊易之。'不识有诸？"

曰："有之。"

曰："是心足以王矣。百姓皆以王为爱也，臣固知王之不忍也。"王曰："然。诚有百姓者。齐国虽褊小，吾何爱一牛？即不忍其觳觫，若无罪则就死地，故以羊易之也。"

曰："王无异于百姓之以王为爱也，以小易大，彼恶知之？王若隐其无罪而就死地，则牛羊何择焉？"

王笑曰："是诚何心哉？我非爱其财，而易之以羊也，宜乎百姓之谓我爱也。"

曰："无伤也。是乃仁术也，见牛未见羊也。君子之于禽兽也，见其生，不忍见其死；闻其声，不忍食其肉。是以君子远庖厨也。"

王说，曰："《诗》云：'他人有心，予忖度之。'夫子之谓也。夫我乃行之，反而求之，不得吾心。夫子言之。于我心有戚戚焉。此心之所以合于王者，何也？"

曰："有复于王者，曰：'吾力足以举百钧，而不足以举一羽；明足以察秋毫之末，而不见舆薪。'则王许之乎？"

曰："否。"

"今恩足以及禽兽，而功不至于百姓者，独何与？然则一羽之不举，为不用力焉；舆薪之不见，为不用明焉；百姓之不见保，为不用恩焉。故王之不王，不为也，非不能也。"

曰："不为者与不能者之形何以异？"

曰："挟太山以超北海，语人曰：'我不能。'是诚不能也。为长者折枝，语人曰：'我不能。'是不为也，非不能也。故王之不王，非挟太山以超北海之类也；王之不王，是折枝之类也。老吾老，以及人之老；幼吾幼，以及人之幼，天下可运于掌。《诗》云：'刑于寡妻，至于兄弟，以御于家邦。'言举斯心加诸彼而已。故推恩足以保四海，不推恩无以保妻子。古之人所以大过人者无他焉，善推其所为而已矣。今恩足以及禽兽，而功不至于百姓者，独何与？权，然后知轻重；度，然后知长短。物皆然，心为甚。王请度之。抑王兴甲兵、危士臣，构怨于诸侯，然后快于心与？"

王曰："否，吾何快于是？将以求吾所大欲也。"

曰："王之所大欲，可得闻与？"

王笑而不言。

曰："为肥甘不足于口与？轻暖不足于体与？抑为采色不足视于目与？声音不足听于耳与？便嬖不足使令于前与？王之诸臣，皆足以供之，而王岂为是哉？"

曰："否。吾不为是也。"

曰："然则王之所大欲可知已。欲辟土地，朝秦、楚，莅中国而抚四夷也。以若所为，求若所欲，犹缘木而求鱼也。"

王曰："若是其甚与？"

曰："殆有甚焉。缘木求鱼，虽不得鱼，无后灾。以若所为，求若所欲，尽心力而为之，后必有灾。"

曰："可得闻与？"

曰："邹人与楚人战，则王以为孰胜？"

曰："楚人胜。"

曰："然则小固不可以敌大，寡固不可以敌众，弱固不可以敌强。海内之地，方千里者九，齐集有其一。以一服八，何以异于邹敌楚哉？盖亦反其本矣。今王发政施仁，使天下仕者皆欲立于王之朝，耕者皆欲耕于王之野，商贾皆欲藏于王之市，行旅皆欲出于王之途，天下之欲疾其君者皆欲赴愬于王。其若是，孰能御之？"

王曰："吾惛，不能进于是矣。愿夫子辅吾志，明以教我。我虽不敏，请尝试之。"

曰："无恒产而有恒心者，惟士为能。若民则无恒产，因无恒心。苟无恒心，放辟邪侈，无不为已。及陷于罪，然后从而刑之，是罔民也。焉有仁人在位，罔民而可为也？是故明君制民之产，必使仰足以事父母，俯足以畜妻子，乐岁终身饱，凶年免于死亡。然后驱而之善，故民之从之也轻。今也制民之产，仰不足以事父母，俯不足以畜妻子，乐岁终身苦，凶年不免于死亡。此惟救死而恐不赡，奚暇治礼义哉？王欲行之，则盍反其本矣。五亩之宅，树之以桑，五十者可以衣帛矣。鸡豚狗彘之畜，无失其时，七十者可以食肉矣。百亩之田，勿夺其时，八口之家可以无饥矣；谨庠序之教，申之以孝悌之义，颁白者不负戴于道路矣。老者衣帛食肉，黎民不饥不寒，然而不王者，未之有也。"（原文录于《孟子七篇·卷一·梁惠王上·齐宣章》）

【译文】

齐宣王向孟子问道："齐桓公、晋文公这两位霸主的霸业，可以听你说说吗？"

孟子回答道："孔子的门徒，没有谈论齐桓公、晋文公霸业的人，因此后世很少传说，我也没有听过。如果一定要我说说，那就谈谈王道好吗？"

齐宣王接着问道："那么，一个君主当具有什么样的德行，就可以称王天下呢？"

孟子回答道："能保民生的就可以成为王，而且无敌于天下。"

齐宣王又问道："像我这样的人，可以保护人民吗？"

孟子说："可以。"

齐宣王问："从哪里能看出我可以呢？"

孟子说："我听胡龁说过：大王坐在堂上，有人牵着牛走过堂下，您看见了，便问：'这牛要送到哪里去啊？'那人回答说：'杀了它，用血去涂新钟的缝儿啊！'您说道：'放了它，我不忍心看它恐惧颤抖，就像是无罪之人走向死地的样子。'牵牛人回答说：'那么，祭钟的仪式就废掉吗？'大王您说道：'怎么可以废掉祭礼呢？换一只羊就是了。'不知是否有这事呢？"

齐宣王回答道："有的。"

孟子接着说道："有此善心足可为天下王了。老百姓会认为您连一头牛都吝惜，而我自然由此而知道大王有天生不忍之心的良知。"

齐宣王回应道："是的。真有这样的百姓。齐国虽然偏小，我岂是舍不得一头牛？实在是不忍心看它颤抖，什么罪也没有却要置它于死地。因此，才用羊把它换下来。"

孟子说道："大王不用怪百姓说您吝啬，您用一头小羊换一头大牛，百姓自然会认为您小气，怎么能想到您是不忍心呢？其实，我知道大王如果不是出于对它们无罪而死的怜悯，那么还用管他是杀牛还是杀羊吗？"

齐宣王笑着说道："我也不明白自己到底是一种什么样的心情，但我确实不是因为怕浪费才以羊换牛的。所以，也难怪百姓会认为我很小气啊！"

孟子说："这对您没有什么损害，这确实是一种仁人心术，因为您只亲眼看见了牛而没有看见羊啊！君子对于禽兽，乐见其生，而不忍见其死；听见了它们的哀叫声，便不忍心去吃它们的肉。因此，君子的住处一定是远离厨房的。"

齐宣王听了孟子的说法很高兴，并说道："《诗经》上说：'他人的心思，我要琢磨清楚。'这就是夫子您的说法吧。而我自己做的以羊换牛的事，可是反过来问自己，却说不清我自己心里是怎么想的。夫子您把它说出来，我的心里又为此而有些悲戚不忍了。您说有此心就合于王天下，到底是什么道理呢？"

孟子回答道："有人回答大王说：'我的力量足能举起三千斤重的东西，但没办法举起一根羽毛；我的目力足以看清楚秋天鸟身上生出来的小细毛的毛尖，但看不见眼前一车的柴火。'大王您能相信吗？"

齐宣王说："不相信。"

孟子接着说道："现在大王的恩泽足以推及禽兽之身，但您的功德到不了百姓的头上，这是为何呢？可见力举千斤而举不动一毛，是因为没有用力气；明察秋毫而不见车薪，是因为没有用目力之明。而百姓受不到保护，是因为大王的恩泽没有用到百姓身上。因此，大王您不用仁政统一天下，是没有去做，而不是做不到啊！"

齐宣王又问道："不去做与做不到二者之间的情形，又有什么不同呢？"

孟子回答道："如果让一个人挟着泰山去跳过北海，他对人说：'我不能够。'那是真办不到啊。假如一个长辈让他代折一根树枝，他对人说：'我不能够。'那就是不肯去做，而不是做不到了。因此说，大王您不用仁政统一天下，不是挟山超海一类的不能者，而是为长者折枝一类的不为者。如果您能以敬自己老人之心，去敬别人的老人；以爱自家子弟之心，去爱别人家的子弟，那么治天下就如同运转在自己的手掌心中一样容易。《诗经》上所说的：'自正其身先成为妻子的榜样，然后影响他的兄弟，再及齐家治国。'无非在讲把自己的这种推恩及人之心由此及彼而已。因此说，能够把自己的恩惠推给他人，便可以保有四海归心；如果不能如此推恩，恐怕连自己的妻儿都不能保护好。古圣贤远超过常人之处，没有别的，只是善于将自己的仁善所为推恩于他人而已。如今大王您的恩惠能够泽及禽兽，而不能推广到自己的民众身上，这是为什么呢？用秤称了之后，才会知道孰轻孰重；用尺量了之后，才会知道何长何短。凡物都如此，人心则更是如此，请大王认真揣度才是。或者说大王您会以发动战争，让士民、臣属都处于人命危浅之中，同时与其他诸侯结仇怨，然后愉悦于心吗？"

齐宣王回答道："不。我怎么会以此为快呢？只是想借此来实现我的理想。"

孟子问道："大王的理想，我能否听您讲讲呢？"

齐宣王笑而不答。

孟子又问道："是否由于美食不足于口？轻裘暖袍不够己身穿用？或者因为缤纷的颜色不能让您悦目？乐声不足以满足您耳朵的需要？您的宠臣不够使唤于身前？您的众多臣下都足够提供这些的了，大王您难道就是为这吗？"

齐宣王又回答道："不。我不为这个。"

孟子说道："那么，大王您的理想我可以知道了。您是想开疆扩土，让秦、楚诸侯来齐国朝贡，自己能君临中原而平定四方边地。但如果用战争的方式，来实现这个理想，就如同爬到树上去捕鱼一样的不对路。"

齐宣王说道："有那么严重吗？"

孟子答道："恐怕更严重。缘木求鱼，虽然得不到鱼，但后面也没有什么灾难。如果用您的办法，来实现您的理想，去尽心尽力而为之，后面必然会有灾患。"

齐宣王问道："可以讲给我听吗？"

孟子说道："如果邹国与楚国开战，那么大王认为谁会胜呢？"

齐宣王回答说："楚国胜。"

孟子说："既然这样，小不胜大，寡不敌众，弱不敌强，这是自然。天下之地，以千里为单位计算应有九个，而齐国只是其中的一个。一旦开战，您就是以一敌八，与邹、楚之战的结果又有什么不同呢？因此说还是去返回根本的为好啊！从现在开始，大王实行仁政，使天下为官者都乐于班列您的朝堂之上，农夫都乐于在大王的田地里耕种，做买卖的商人都乐于把货物投放到大王的集市上，旅人游客都乐于行走在大王的道路上，天下凡是恨他们国君的人，都乐于到大王这里来诉说。如果能这样，那么还有谁能抵御得了您呢？"

齐宣王说："我很糊涂，很难达到如此境地了。希望夫子辅助我志向，教我以明理。我虽然不够聪明，但愿意尝试一下。"

孟子说："没有稳定谋生的产业而能有仁善之心而不变的人，只有那些知书达理的士人能够做到。而一般百姓，如果没有稳定谋生的产业，自然没有稳定的善心。一旦为饥寒所迫而善心改变，他们就是什么邪恶的事都可以做的。等到他们犯罪，然后强之以刑法处罚，这是欺民无知而陷其于网罗。因此，明君都会规定民众谋生的资产田地，一定达到让他们上足以奉父母，下足以养妻儿，丰顺之年可得一年温饱，凶灾之年不至于死亡。然后你让他们走仁善之路，百姓也乐于遵从，并不用很费力。可是现在给他们的生产条件与谋生之业，上不足以奉父母，下不足以养妻子，丰顺之年一年到头都身受其苦，灾害之年则难免死亡。这样一来想救民活命都做不到，哪还会有时间去讲礼义呢？大王如果想王天下、行仁政，何不去从保民衣食，制其恒产的根本去做起呢？一家只要给他们五亩左右的宅田，周围栽上桑树养蚕织布，五十岁以上的老人便可以有衣穿了；鸡猪狗等畜禽的养殖不失其时，七十岁以上的老人便可以有肉吃了。百亩耕地，及时耕种，八口之家自可免去饥饿；用心办好学堂教育，申明孝亲敬长的礼义，头发斑白的老人不再负重于路。老人有衣穿有肉吃，百姓无饥寒之苦，能如此而不王天下的，是从来没有过的。"

【注解】

本篇堪称中国最早的原始"理想国"与"太阳城"吧，主要论述王道的根本在保民。要想王统天下，就一定要从保证人民大众生存的基本条件做起，使他们得衣食而无饥寒。而君王要做到这一点首先要有仁善的不忍之心。其次要善于理解、了解他人之心，要努力去推恩及人，用爱自己亲人的心思去爱百姓。这正是古今圣人的过人之处。而且一定要身体力行才可以。不患不能为，而患不去为。要为民提供必需的生存保障，受到良好的教育，尊老敬长，那想不称王都不可能。而想通过战争与武力征服，只会加重人民负担，众叛亲离，即使达到了目的，也会有后灾发生。这也许就是孟子王道学说的基本思想吧！由保民始而以乐民、安民、富民、德民终。是很好的一篇论说文。

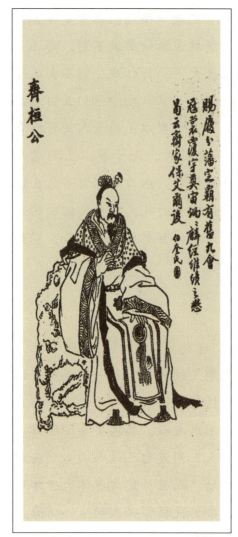

春秋五霸之齐桓公（左）、晋文公（右）

尧舜行政图

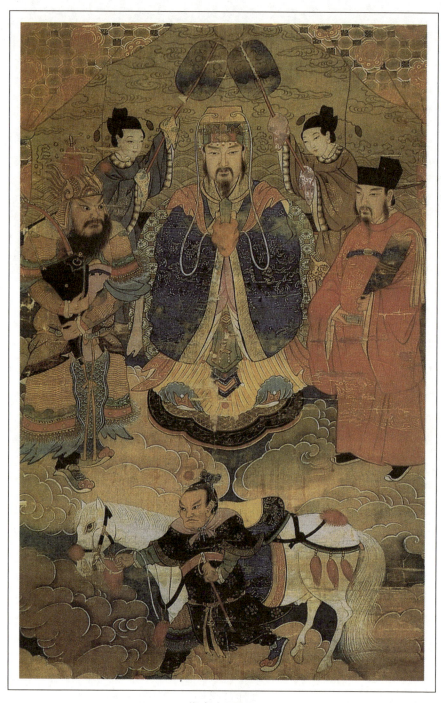

黄帝年画像

晋公子重耳流亡过宋

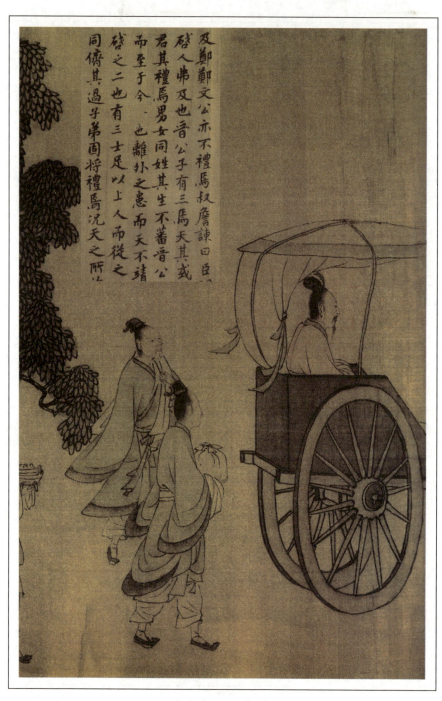

及郑文公亦不禮焉叔詹諫曰臣
启人怫及也晋公子有三焉天其戚
君其禮焉男女同姓其生不蕃晋公
而至于今也離外之患而天不靖
启之二也有三士足以上人而従之
同僑其過子弟固将禮焉況天之所以

晋公子重耳流亡过郑

晋公子重耳流亡过楚

晋公子重耳流亡过楚

晋公子重耳流亡途中与子犯在黄河边对话

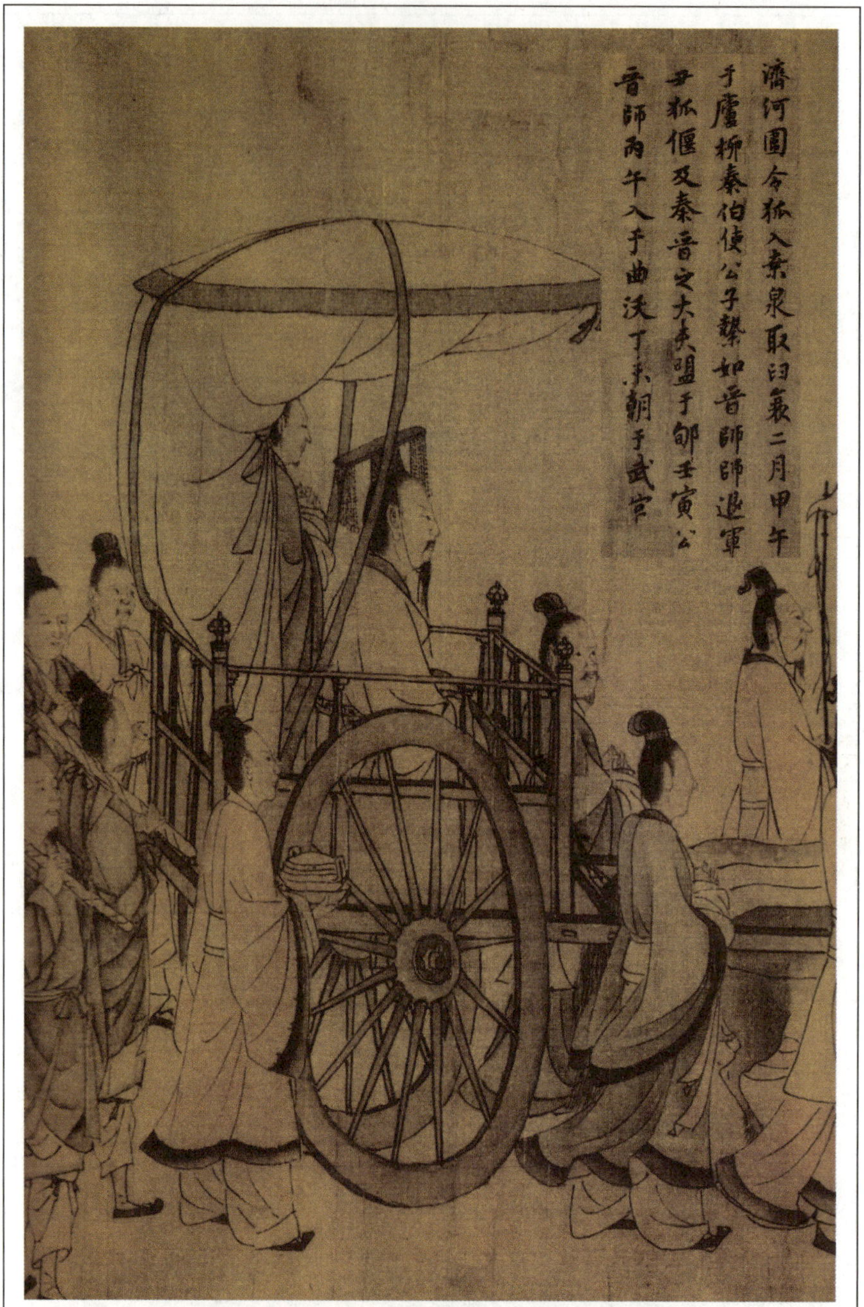
濟河圍令狐入桑泉取臼衰二月甲午
于廬柳秦伯使公子絷如晉師師退軍
丑狐偃及秦晉之大夫盟于郇壬寅公
晉師丙午入于曲沃丁未朝于武宫

晋公子重耳流亡过秦

在秦伯的帮助下，重耳回归国门，成为晋文公，后为春秋五霸之一。

民有恒产安居图

《耕织图》（局部）

五亩之宅树之以桑，百亩之田无夺农时

"齐桓、晋文",春秋五霸中的齐桓公、晋文公。"仲尼之徒无道桓、文事者",孔门弟子以谈五霸之事为耻,因为春秋无义战。"则王乎",就是称王天下的道法吧。朱子注:"王,谓王天下之道。""胡龁(hé)",齐国臣子。"衅",古代用牲畜的血涂器物的缝隙,如衅钟、衅鼓等。"觳觫(hú sù)",恐惧发抖的样子。"刑于寡妻":"刑",为法;"寡妻",为少德之妻。"商贾",朱子注:"行货曰商,居货曰贾。""颁白者",指白发斑驳的老人。

朱子尾注本章称:"此章言人君当黜霸功,行王道。而王道之要,不过推其不忍之心,以行不忍之政而已。"

六十一、智谋不如乘势,力取莫若待时

公孙丑问曰:"夫子当路于齐,管仲、晏子之功,可复许乎?"

孟子曰:"子诚齐人也,知管仲、晏子而已矣。或问乎曾西曰:'吾子与子路孰贤?'曾西蹴然曰:'吾先子之所畏也。'曰:'然则吾子与管仲孰贤?'曾西艴然不悦,曰:'尔何曾比予于管仲?管仲得君如彼其专也,行乎国政如彼其久也,功烈如彼其卑也,尔何曾比予于是!'"曰:"管仲,曾西之所不为也,而子为我愿之乎?"

曰"管仲以其君霸,晏子以其君显。管仲、晏子犹不足为与?"

曰:"以齐王,由反手也。"

曰:"若是,则弟子之惑滋甚。且以文王之德,百年而后崩,犹未洽于天下;武王、周公继之,然后大行。今言王若易然,则文王不足法与?"

曰："文王何可当也！由汤至于武丁，贤圣之君六七作。天下归殷久矣，久则难变也。武丁朝诸侯，有天下，犹运之掌也。纣之去武丁未久也，其故家遗俗，流风善政，犹有存者；又有微子、微仲，王子比干、箕子，胶鬲，皆贤人也，相与辅相之，故久而后失之也。尺地莫非其有也，一民莫非其臣也。然而文王犹方百里起，是以难也。齐人有言曰：'虽有智慧，不如乘势。虽有镃基，不如待时。'今时则易然也。夏后、殷、周之盛，地未有过千里者也，而齐有其地矣；鸡鸣狗吠相闻，而达乎四境，而齐有其民矣；地不改辟矣，民不改聚矣，行仁政而王，莫之能御也。且王者之不作，未有疏于此时者也；民之憔悴于虐政，未有甚于此时者也。饥者易为食，渴者易为饮。孔子曰：'德之流行，速于置邮而传命。'当今之时，万乘之国行仁政，民之悦之，犹解倒悬也。故事半古之人，功必倍之，惟此时为然。"（原文录于《孟子七篇·卷二·公孙丑上·公孙章》）

【曾国藩按语】（此章朱子原本仅录至"而子为我愿之乎"止，以下不录。）朱子之意，特重在崇王黜伯。芟去后半，尤便省览耳。窃意此章后半言乘势待时，而归重于行仁政。可见圣贤谋国，未尝不顾时势。而政之本原，悉依于王道，非同后世杂霸，苟且一切，借口救时者之所为也。今仍录本章全文，而于"为我愿之乎"下，一以识之，以存朱子之旧。

【译文】

孟子的学生公孙丑问他说："如果老师您执政于齐国，可以让当年管仲与晏子执政时代的功业再现吗？"

孟子回答道："你真是齐国人，只知道管、晏时代的功业而已。有人问曾西说：'和子路相比，哪个更为贤德一些呢？'曾西很不安地说：'子路是我父亲所敬佩的人，我怎么敢与他相比呢？'那人又说道：'那么您和管仲相比哪个更贤德呢？'曾西变了脸色很生气地回答道：'你怎么能拿我和管仲做比较呢？尽管管仲能得到国君那样专一的信任，执政又有四十余年那样久远，但他的功业看来很光荣，其实不过很卑下罢了。你怎么能把我和这样的人相比！'"孟子又说道："管仲这个人，是曾西所不屑的，而你认为我就愿意你拿我和他比较吗？"

公孙丑又问道："管仲辅佐齐桓公称霸天下，晏子辅佐齐景公名扬诸侯。这样的功业还不值得去作为吗？"

孟子回答道："让齐国称王天下，不过易如反掌而已。"

公孙丑又问道："要是这样说，学生就更加困惑了。像周文王那样的仁德，他活到了一百岁，直到他去世也没能统一融合天下；由周武王与周公继之，其道才得以行天下。如今您却说称王天下是那么容易，莫非说周文王不足效法吗？"

孟子回答道："我们怎么能跟文王相比呢！商朝从成汤王开国到武丁王中兴，其间兴起了六七位贤明的君主。祖上迁到殷地，天下百姓归服这个殷商，由于历代贤君执政的时间久了，仁政就很难被改变了。因此到了武丁王中兴的时代，诸侯来朝，拥有天下，就如同手掌运转弹丸一样容易。商朝的亡国之君纣王虽然很暴虐无道，但离武丁的时代并不久远，所以，这个王朝旧臣们的遗风、善政，自然还有所流传遗存；再加上微子、微仲两个王叔，比干、箕子两个王弟，还有胶鬲这样的贤臣来辅佐朝政，因此他仍统治了很久才失去天下，弄得没有尺地一民为其所有。而周文王则是在百里之地从头兴起的，因此称王天下自然是很艰难的过程。齐国人有句名言说：'虽有智慧和能力，不如秉势而上。虽有耕种的农具，但不如不违农时，适时耕种。'如今就是称王天下的最好时机，因此说以齐国称王天下是一件很容易的事。夏后、商、周三代最兴盛时，土地没有超过千里的，而齐国的土地却超过了千里；而且从都城一直到四方边境都听得到报早鸡鸣守夜狗叫的声音，这说明齐国的人很多。像齐国这样土地广阔、人口众多，不用再开辟土地招聚人口的国度，如果能行以仁政，称王天下那就是没有人能抵挡得住的。更何况从周初到如今七百余年很少有称王天下的贤君出现，黎民百姓在暴政下遭受的苦难没有比现在更深的了。此时称王天下就像是让饿了的人吃东西，让渴了的人喝水一样容易。孔子说：'君王的德政流行起来，它的速度比军队中骑马、跑步传达命令还要快。'如今，一个强大到拥有万乘车马的国家去行仁政，老百姓心里面的高兴，一定会像把他们从倒悬的困苦之中解救下来一样。所以，做的事只要用古人一半的力气，而效果却要超过古人的一倍，齐国只有在此时势下去作为，才是最有效的。"

【注解】

本章主要讲孔孟之徒世道相传的"王统思想"。他们都主张王道，而反对霸道。就像管仲与晏子那样有名的人，但由于行霸道，孔孟弟子都对之不屑一顾，甚至是耻于一谈。他们崇尚的是德政、仁政，主张王道；反对暴政，反对霸道。他们认为齐国在地广人多，而无须再费开辟草创之劳的基础上，如果实现仁政，行王道，那么王统天下便像翻一下手那么容易。

"夫子"，先生、老师。"当路"，当途之人，喻仕途之上、执政之人。"曾西"，曾子的孙子，名曾申。"子路"，孔子的贤弟子。"蹵然"，蹵同"蹴"。不安的样

晏子二桃杀三士图

　　晏子是齐景公的宰相，朝中自称为"齐邦三杰"的三位与奸臣结交，晏子深以为忧。利用鲁昭公来访设宴之机，用"二桃杀三士"的办法除掉了这三位大将。图中是齐景公向三士赐二桃。

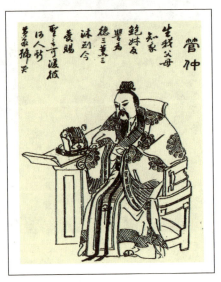

管仲、晏子、鲍叔牙画像

先天演數

此時姬伯酒已半
酣忘卻二人來意

二人乘機問曰聞
賢侯善演先天數
請問國家氣數個
人終身何如姬伯
曰國家不過四七
年間君等將來要
凍在冰內而絕二
人聽罷乃曰不才
朝中有事不敢久
爲賢侯前途尤重
說罷而別途尤二
人來至午門下馬
進見紂王問曰
姬昌可曾說甚麼
二人奏曰姬昌口
出怨望亂言毀君
罪在大不赦菁陛
下速賜施行

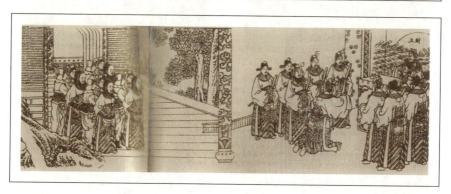

周文王被囚圖

　　周文王为商朝的西伯侯时，被纣王囚禁在　里。后来又因奸臣的谗言，纣王要将他处死。朝臣们都来向纣王劝谏不可杀害忠臣。

西伯赦歸
紂王聞奏，即赦姬
昌速離羑里時西
伯在羑里正思想西
伯邑考，忽一陣怪
風將檐瓦吹落兩
塊，隨即笑香將金
大蒿，隨笑香將金
錢占求八卦早解
其情西伯點首暗歎
曰今日天子赦至
喚左右收拾起行。
眾人木肯盡信不
一時使臣傳旨不
害己到西伯接赦
禮拜望北謝恩隨
出羑里只見羑里
父老輩舉酒簋
擁道傍西伯安撫
眾民眾民遠送十
里酒淚而別

周文王被赦归国图

周公安定四方图

民献十策图

任命百官图

晓谕四邦图

周公辅佐成王图

成汤日新图

盘庚执政图

成汤网开一面泽及鸟兽图

成汤桑林求雨图

成汤、盘庚执政图

武丁求贤图

武丁纳谏图

选贤任能图

傅说议政图

高宗武丁访贤执政图

子。"先子"，先人。"艴（fú）然"，怒色。"功烈"，功业之光大。"卑"，低下。"以齐王"，以齐国之状况王统天下。"当"，敌，抵。"作"，兴起。"故家"，旧臣。"镃基"，耕田用的农具类。"时"，指正当耕种之农时，喻时机、机遇、机会。"改辟"，重新开辟土地。"置邮"："置"，驿马传递；"邮"，邮差步行送信。"传命"，传送信息、命令。"倒悬"，把人头朝下悬挂，喻困苦。"事半古之人"，做事只要用古人一半的力气。

六十二、霸道以力服人，王道以德服心

孟子曰："以力假仁者霸，霸必有大国。以德行仁者王，王不待大，汤以七十里，文王以百里。以力服人者，非心服也，力不赡也。以德服人者，中心悦而诚服也，如七十子之服孔子也。《诗》云：'自西自东，自南自北，无思不服。'此之谓也。"（原文录于《孟子七篇·卷二·公孙丑上·以力章》）

【译文】

孟子说："借行仁义的名声却以强力征服于人的称为霸术，这种霸术的实行必须以国土广阔、兵强马壮为后盾。而以德政行仁义于天下的是王道，而且道的兴起则不在有大国的基础，商汤兴起时的土地不过七十里，周文王的兴起之地也不过百里。以国家的强力来征服人，被征服者的服也不是心服，而是自己的力量不足以反抗罢了。而只有以德服人，才能让人心悦诚服。比如，像孔子的七十二个贤弟子对他的信服追随。《诗经》上所说周文王：'从西到东，从南到北，四方没有不

夹谷会於
定公十年会齐侯於
夹谷孔子摄相事献
酬礼毕齐有司请奏
四方之乐孔子进曰
吾两君为好夷狄之
乐何为于此请却之
人请奏宫中之乐孔
子进曰匹夫荧惑诸
侯者诛请命有司加
法焉景公惭惧

孔子陪鲁定公夹谷会见齐侯图

子路向孔子问成仁图

孔子吟琴盟坛图

孔子去世后，七十二弟子为其守墓图

孔子为大法官时，与鲁公论政图

木匠祖师鲁班，怀抱矩尺。两侧弟子一执墨斗，一在吊线取直。

古代法庭衙役祖师沈生（中）像

心服于他的。'讲的就是这个意思。"

【注解】

本章主要论辩霸道与王道的不同。霸道以力服人而口服心不服，王道以德服人而人无不心悦诚服而天下归心。朱子引邹氏语注称："以力服人者，有意于服人，而人不敢不服；以德服人者，无意于服人，而人不能不服。自古以来，论王霸者多矣，未有若此章之深切而著明也。"这种思想尽管流传了两千余年到今日，但真正以德服人、服天下的又有多少呢？因此，兴兴亡亡、沉沉浮浮又何曾有过止息？

"以力假仁"，以力征服他国，却假借替天行仁义的名义。"不待大"，指兴起之初并不需要多大，不需要很强大。"不赡"，不足。"七十子"，传说孔子有贤弟子七十二人。

六十三、人之患在不自任而责人

孟子曰："言近而指远者，善言也；守约而施博者，善道也。君子之言也，不下带而道存焉；君子之守，修其身而天下平。人病舍其田而芸人之田，所求于人者重，而所以自任者轻。"（原文录于《孟子七篇·卷七·尽心下·言近章》）

【译文】

孟子说："所讲的话虽然浅近但意味深远者，就是好的话语；个人的自我操守很俭约但对他人给予得很广博，就是好的道德节操。有识的君子之人讲的话，好像都是眼前平常浅近的话，但有很深的道理存在其中；那些自我操守俭约的君子坚守的，却是自修身始，而扩充到齐家、治国、平天下的。对一个人最有害的就像是农夫放弃自己的地，而专门喜欢去耕别人的田一样，责备他人、希望他人做事的心思太重，而对自己的要求却很少，自己的责任却担得很轻。"

【注解】

本章讲君子之道当是说话言浅而意深；自我操守简约，待人以厚博；通过自我修身而扩充到齐家、治国、平天下。而人之患则在于责人不责己，希望别人来承担，而自己却不肯去担当。

"不下带"，朱子注称：古人很讲礼仪，看人时，眼睛是不去看衣带以下的。此处是指所讲的话好像只讲眼前的、就近的，其实含意却很深远。"求"，责备。"自任"，自我去担当。

六十四、臣道：非议君事，不如匡正其心

孟子曰："人不足与适也，政不足间也，惟大人为能格君心之非。君仁，莫不仁；君义，莫不义；君正，莫不正。一正君而国定矣。"（原文录于《孟子七篇·卷四·离娄上·人不足章》）

【译文】

孟子说："人君用人不正当处不用去指责，政事不正当处不用去非议。只有那些通达的大臣才能匡正君心的不正当处。国君有仁心，就没有不仁之人；国君是行义的，就没有不义的事；国君心术端正的，就没有不正的。只要把君心端正了，那么国家就安定了。"

【注解】

本章讲做臣下事君的大道，应当是帮助君主匡正他的心术，这才是根本。只要能正其君心、君身，那么一国也就安定了，而没必要去指责、非议那些不重要的人与事。

"适"，与"谪"同，过失义。"间"，非议。"格"，正。朱子注此章首句称："言人君用人之非，不足过谪；行政之失，不足非间。惟有大人之德，则能格其君心之不正以归于正，而国无不治矣。""君心之非"，程子注："心之非，即害于政，不待乎发之于外也。昔者孟子三见齐王而不言事，门人疑之。孟子曰：'我先攻其邪心，心既正，而后天下之事可从而理也。'夫政事之失，用人之非，知者能更之，直者能谏之。然非心存焉，则事事而更之，后复有其事，将不胜其更矣；人人而去之，后复用其人，将不胜其去矣。是以辅相之职，必在乎格君心之非，然后无所不正；而欲格君心之非者，非有大人之德，则亦莫之能也。"程、朱皆理学家，也只能说一理而已，天下之君心、王意，如有能匡正者，便没有几千年的兴替不已了。

> 六十五、君道：当法贤王——
> 徒善不足以为政，徒法不足以自行；
> 臣道：当守恭敬——
> 责难其非为恭敬，非议其君为贼臣

孟子曰："离娄之明、公输子之巧，不以规矩，不能成方圆；师旷之聪，不以六律，不能正五音；尧、舜之道，不以仁政，不能平治天下。今有仁心仁闻而民不被其泽，不可法于后世者，不行先王之道也。故曰徒善不足以为政，徒法不能以

伏羲女娲规矩图

自行。《诗》云：'不愆不忘，率由旧章。'遵先王之法而过者，未之有也。圣人既竭目力焉，继之以规矩准绳，以为方圆平直，不可胜用也；既竭耳力焉，继之以六律正五音，不可胜用也；既竭心思焉，继之以不忍人之政，而仁覆天下矣。故曰，为高必因丘陵，为下必因川泽，为政不因先王之道，可谓智乎？是以惟仁者宜在高位。不仁而在高位，是播其恶于众也。上无道揆也，下无法守也，朝不信道，工不信度，君子犯义，小人犯刑，国之所存者幸也。故曰城郭不完，兵甲不多，非国之灾也；田野不辟，货财不聚，非国之害也。上无礼，下无学，贼民兴，丧无日矣。《诗》曰：'天之方蹶，无然泄泄。'泄泄犹沓沓也。事君无义，进退无礼，言则非先王之道者，犹沓沓也。故曰，责难于君谓之恭，陈善闭邪谓之敬，吾君不能谓之贼。"（原文录于《孟子七篇·卷四·离娄上·离娄章》）

【曾国藩按语】邹氏曰："此章言为治者当有仁心、仁闻，以行先王之政，而君臣又当各任其责。自'是以惟仁者'，至'丧无日矣'，所以责其君；自'诗曰天之方蹶'至末，所以责其臣。"《孟子》七篇，言君道者甚多，而莫要于"修其身而天下平"一语。言臣道者甚多，而莫要于"大人格君心之非"一语。朱子编次此卷，前三章辩王、霸之术不同，第四章言君道，第五章言臣道。此章及下'规矩章'，兼言君臣之道。为治之要，粗备于此矣。

【译文】

孟子说："一个匠人即使他的目力如同能明察秋毫的古人离娄一样明，他的手艺如同鲁班一样巧，但是不依靠规尺也无法成其圆器，不依据矩尺也无以成其方器；大乐师师旷的听觉很好，但不依六律，也无法辨识和调整五音；尧、舜虽然是有道之君，但不施行仁政，便无以平治天下。如今的君主有仁心、仁名，但老百姓领受不到他的恩泽，而后世也不去效法他，因为他们不按照先王古圣的办法去行政。因此说：空有人的善心是不足以行政的，空有法度也不能自行施行。《诗经》上说：'不错不忘，都按老章程去办。'遵行先王的法度还会犯错误的，是从来没有过的。圣人一方面竭尽自己的目力把事情的本末细微处都看清楚，另一方面又用尺、规、准、绳这些工具作为方、圆、平、直的标准，那么制出来的器物就会用之不尽了。一方面竭尽自己的耳力去把乐声听清楚，另一方面又依据六律去调整五音不正之处，那么制出来的曲子使用之不尽了。以这样的用心，去行不忍人的仁政，那么仁德便会遍行天下了。因此说，要想高大就必须在丘陵上去加高，要想低下就必须在存水的低洼处向下掘，而为政不遵循先王之道，能说是明智的吗？因此，只有让仁者居于高位。如让不仁者居高位，就等于让他的恶行传播给民众。高高在上者如果不能依法度处事制宜，在下看便自然不会依法去守其本分。如果朝廷无道可信，官员不信守法度，君子行不义，小人犯刑法，那么这个国家不灭亡也是侥幸而已。因此说，一个国家城池不坚固，兵丁兵器不多，不是国家的灾难；田地没有广辟，财货没有厚聚，也不是国家的危害。如果在上之君不讲礼义，在下之臣没有学问，百姓因此而没有好的教育都起来作乱为贼，那么这个国家离灭亡之日也就没有几天了。《诗经》上说：'天要颠覆周朝，群臣不可怠慢泄泄不以为然。'这里所说的'泄泄'就是如今所说的沓沓的不着急的意思。什么是沓沓呢？侍奉君主为人臣子而不去尽自己义的责任，连进退尊王必行的礼节都没有了，说的话都是非议先王之道的，这些都是沓沓。因此说，为臣子的对君王敢于责难，指出他不足之处，叫作'恭'；向他进善言、禁止奸邪叫作'敬'。而那种只知道攻击自己的君主无能去行善道仁政的臣子就叫'贼臣'。"

【注解】

本章是讲君臣之道的。君道当法先王之法度而行仁政；臣道当以义、礼事君，以国事为重而敢于正君之非，是为真正的恭与敬，而不能只是去非议君王无能行仁政。而且论述了人治与法治的关系，这些观点，至今仍有所益。

"离娄"，黄帝时代的人名，也称离朱。他的目力是最明的，能于百步之外看得清鸟兽身上新生的毫毛。本处以离娄目力之明，喻明辨是非的能力。"公输子"，鲁班。"规矩准绳"，四种匠具："规"为制圆之器，为今之圆规类尺具；"矩"为制方之角尺；"准"为求平之器；"绳"为求直的墨斗中划墨线之绳。"六律、五音"，朱子注："师旷，晋之乐师，知音者也。六律，截竹为筒，阴阳各六，以节五音之上下。黄钟、大蔟、姑洗、蕤宾、夷则、无射，为阳；大吕、夹钟、仲吕、林钟、南吕、应钟，为阴也。五音：宫、商、角、徵、羽也。""仁闻"，仁的名声。"徒善、徒法"，朱子注："徒，犹空也。有其心，无其政，是谓徒政；有其政，无其心，是为徒法。""愆"，过错。"率"，循。朱子注"诗云"句："所行不过差不遗忘者，以其循用旧典故也。""道揆（kuí）"，朱子注："谓以义理度量事物而制其宜。""法守"，依法自守。"工"，指官。"天之方蹶，无然泄泄"："蹶"，颠覆；"泄泄"，不着急。朱子注此句："言天欲颠覆周室，群臣无得泄泄然，不急救正之。""吾君不能谓之

山西稷益庙壁画

禹王临朝图

居中者为禹王，两侧红衣坐者分别为他的左右臂佐臣后稷与伯益。前者掌管农业，后者掌管山林。

山西稷益庙壁画

禹王君臣图

贼",做臣子的只知攻击他的君主不能行仁政而不去匡正,是贼臣。

六十六、君臣之道,法尧、舜而已

孟子曰:"规矩,方圆之至也;圣人,人伦之至也。欲为君尽君道,欲为臣尽臣道,二者皆法尧舜而已矣。不以舜之所以事尧事君,不敬其君者也;不以尧之所以治民治民,贼其民者也。孔子曰:'道二,仁与不仁而已矣。'暴其民甚,则身弑国亡;不甚,则身危国削,名之曰'幽''厉',虽孝子慈孙,百世不能改也。《诗》云:'殷鉴不远,在夏后之世。'此之谓也。"(原文录于《孟子七篇·卷四·离娄上·规矩章》)

【译文】

孟子说:"圆规与曲尺,是衡量圆与方的最高标准;圣人,是人伦操守的最高典范。要做人君就要尽守人君的道理,要为人臣就该尽守人臣的道理,而君、臣两者的道理无非效法尧、舜之道而已。为人臣的如果不用舜服侍尧的方式去服侍自己的君主,就是不敬其君的人;为人君主的,如果不用尧帝治理百姓的方法去治理民众,就是祸害民众的人。孔子说:'为政之道不过两端,仁与不仁而已。'君主如果待他的臣民太残暴了,就会被杀掉亡国;虽不太残暴但仍不行仁政的,就会身处危险之中,国力削弱,被称为像周朝的'幽王'与'厉王'那样的名号,后世子孙即使是孝子慈孙,过了百世也抹不去这种恶名。《诗经》上面说:'殷商之朝纣王灭亡的教训并不很远,就在前朝夏代的时代。'讲的就是这个道理啊!"

【注解】

本章为《孟子要略》卷四的收尾段。主要讲君臣之道无非二者都要效法尧、舜的君臣之道。而为政之道则无非仁与不仁两端。不行仁政者或身败名裂国亡，或遗臭万年而无以改其恶名。

朱子注首句称："规矩尽所以为方圆之理，犹圣人尽所以为人之道。"注孔子语称："法尧舜，则尽君臣之道而仁矣；不法尧舜，则慢君贼民而不仁矣。二端之外，更无他道。出乎此，则入乎彼矣，可不谨哉？"

第五章　圣贤论

国藩谨按：此卷孟子尚论古人，而自言其为学要领。

——曾刻版《孟子要略》原书卷五

之曾国藩卷首按语

六十七、君子依天性而行后听天由命

孟子曰："尧、舜，性者也；汤、武，反之也；动容周旋中礼者，盛德之至也。哭死而哀，非为生者也。经德不回，非以干禄也；言语必信，非以正行也。君子行法，以俟命而已矣。"（原文录于《孟子七篇·卷七·尽心下·尧舜章》）

【译文】

孟子说："尧、舜二帝，仁义是从人的善良天性中自然生发出来的；而商汤、周武二王则是在修为学习中返归人之善良本性的。一个人如果举止行为都合于礼，那是心中自有厚德所致。为死者哭泣是因为发自心性中的自然的悲伤的表现，而不是为了给活着的人看的。一个人能守常德不变，那也是心性如此不肯邪恶，而不是为了去谋爵禄；开口说话都是真实可信的，也是发自本性，而不是有心去让别人说自己行为端正。君子只依照心性法度自然行事，而不计其余，至于到底会怎样，那就听天由命了。"

【注解】

本章讲圣贤的仁义有的是从善良天性中生发于外的，有的是学习修为后返回善良本性的。这两个方面都可获得成功。只要内心为善良的品性所充盛，在举止行为中便会自然生发出来，便都会合于礼的要求。

"性者、反之"，朱子注首句称："性者，得全于天，无所污坏，不假修为，圣之至也。反之者，修为以复其性，而至于圣人也。""经德"，常德。"干禄"，谋求官职、俸禄。"盛德之至"，朱子注此句称："细微曲折，无不中礼，乃其盛德之至。自然而中（合于），而非有意于中也。""君子行法"，朱子注此句称："法者，天理之当然者也。君子行之，而吉凶祸福有所不计，盖虽未至于自然，而已非有所为而为矣。此反之之事，董子所谓'正其义不谋其利，明其道不计其功'，正此意也。"

六十八、禹、汤、文、武、周公五圣之不同

孟子曰："禹恶旨酒而好善言。汤执中，立贤无方。文王视民如伤，望道而未之见。武王不泄迩，不忘远。周公思兼三王，以施四事，其有不合者，仰而思之，夜以继日，

幸而得之，坐以待旦。"（原文录于《孟子七篇·卷四·离娄下·禹恶章》）

【译文】

孟子说："夏禹王讨厌甜酒而乐于听有道理的话。商汤王行中道政治，用人不拘一格唯贤是举。周文王唯恐有伤百姓，行仁政了也如没看见一样，还要努力。周武王不过分亲近近臣，也不怠慢远臣。周公旦则想兼具夏、商、周三代贤王的长处，去施行这四王的仁政，如有与三代四王不相合的事，则夜以继日地去思考，一旦找到答案了，就会一直坐着等到天亮，急于去施行。"

【注解】

本章分别讲述三代五圣贤的不同长处与行事风格。程子注称："孟子所称，各因其一事而言，非谓武王不能执中立贤，汤却泄迩忘远也。人谓各举其盛，亦非也，圣人亦无不盛。"

"禹恶旨酒"，《战国策》称：仪狄造酒，大禹喝了后感觉很甘美，便说后世必有以酒亡其国者，于是开始疏远仪狄，而不肯再喝甜酒。"立贤无方"，唯贤是举，不问其出身等方面的事。"视民如伤，望道而未之见"，看到百姓安居乐业了还怕有所伤害，施行仁政了就像没看到一样，继续向前推进。

六十九、尧、舜、汤、武与五霸之"仁"

孟子曰："尧、舜，性之也；汤、武，身之也；五霸，假之也。久假而不归，恶知其非有也？"（原文录于《孟子七篇·卷七·尽心上·尧舜章》）

伏羲像

夏禹

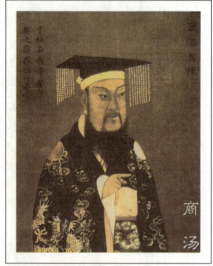

商汤

周文王

夏商周三王图

神农画像砖

帝廷黜邪图

群后亮功图

大孝克谐图

帝舜图

尧舜二帝四图

【译文】

孟子说："尧、舜二帝，仁义是发自天性的；汤、武二王，仁义是得自修身的；而春秋五霸，则是假借仁义之名而去争霸天下的。可是他们长期假借此名而不还，怎么知道这'仁义'之名并不是他们真正所有的呢？"

【注解】

孔孟之徒深恶五霸之行，此章仍是在抨击春秋五霸假借仁义之名去蒙蔽天下之人，而行自己独霸诸侯的野心私欲。"假"，借，本处指借"仁义"之名。

七十、古之清、任、和、时四圣的风格

孟子曰："伯夷，目不视恶色，耳不听恶声，非其君不事，非其民不使，治则进，乱则退。横政之所出，横民之所止，不忍居也。思与乡人处，如以朝衣朝冠坐于涂炭也。当纣之时，居北海之滨，以待天下之清也。故闻伯夷之风者，顽夫廉，懦夫有立志。

"伊尹曰：'何事非君，何使非民？'治亦进，乱亦进，曰：'天之生斯民也，使先知觉后知，使先觉觉后觉。予，天民之先觉者也；予将以此道觉此民也。'思天下之民匹夫匹妇有不与被尧、舜之泽者，如己推而内之沟中，其自任以天下之重也。

"柳下惠，不羞污君，不辞小官；进不隐贤，必以其道；遗佚而不怨，厄穷而不悯。与乡人处，由由然不忍去也。'尔为尔，我为我，虽袒裼裸裎于我侧，尔焉能浼我哉？'故闻柳下惠之风者，鄙夫宽，薄夫敦。

"孔子之去齐,接淅而行;去鲁,曰:'迟迟吾行也。'去父母国之道也。可以速而速,可以久而久,可以处而处,可以仕而仕,孔子也。"

孟子曰:"伯夷,圣之清者也;伊尹,圣之任者也;柳下惠,圣之和者也;孔子,圣之时者也。孔子之谓集大成。集大成也者,金声而玉振之也。金声也者,始条理也;玉振之也者,终条理也。始条理者,智之事也;终条理者,圣之事也。智,譬则巧也;圣,譬则力也。由射于百步之外也,其至,尔力也;其中,非尔力也。"(原文录于《孟子七篇·卷五·万章下·伯夷章》)

【译文】

孟子说:"伯夷这个人,目不视不正的色彩,耳不听不合礼的乐声,不是他理想中的国君他不侍奉,不是他理想中的民众他是不会使唤的,治世之时入朝为官,乱世之时退隐其身。暴政横行、暴民聚集之处,他是不肯居住的。他想的是和这些人同处一处,就像是穿了高贵的朝服冠带,却坐在了泥污炭灰上一样。因此在纣王暴政时代,便一个人跑到了北海边上去躲避,等着天下太平。因此,凡是听到伯夷这种风尚的人,贪婪的人也变清廉了,胆小的人也开始立志图强了。

"伊尹却说:'哪有不可事的君主,哪有不可使的民众呢?'治世可以入朝为官,乱世也可以入朝为官,并说道:'上天生有这些不同的民众,就是要让那些先明白道理的人去启发那些后知者,让那些先觉悟的人,去觉悟那些后觉悟的人。我,是这些天生之民中的先觉悟者,我将用我知晓的仁义之道去觉悟这些人。'他经常想天下的一男一女如果没享受到尧、舜之道的恩泽,都像是自己把他们推到了沟里那样不安,

清圣伯夷（右）采薇图

和圣柳下惠图

时圣孔子图

有夏昏德图

躬见西邑图

聿求元圣图

君臣拜言图

任圣伊尹辅政图

子见南子图

清代绘画

孔子为乘田吏图

清代绘画

孔子委吏图

清代绘画

孔子删述六经图

清代绘画

累累说圣图

清代绘画

孔子在郑国与子贡走失，路人告诉子贡有一个人各处都像圣人，却累累如丧家之犬。子贡便知道是他的老师了。

孔子退修琴书图

清代绘画

老年的孔子从卫国回到鲁国后，不再受到重用。便离开政界，潜心致力于研究诗书、音乐。

孔子去鲁图

清代绘画

孔子五十五岁那年，齐国给鲁国送来一批乐女，鲁定公和权贵们竟因此不理朝政三日，连他的饭菜都没有人管了，于是他便带着弟子离开鲁国，到卫灵公那里去了。

问礼老聃图

清代绘画

孔子与南宫敬叔去见老子，向他请教有关礼的问题。

杨柳青

柳下惠（左）图

他就是这样一个把以天下为己任看得很重的人。

"柳下惠并不以侍奉昏君为羞耻，也不因官小而推辞掉；进入仕途并不泯灭自己的良知、贤德，一切以仁义之道行事；没有被任用也不抱怨，遇到困顿也不自怜自叹。和乡下人在一起，也很随和，不忍离开。'你是你，我是我，就算你光着身子在我的身边，又怎么能玷污我呢？'因此听说了柳下惠这种风格的人，就是鄙陋的也变得宽容，刻薄的也变得敦厚了。

"孔子离开齐国时，捞起正在闷的米就急忙起程了；而离开鲁国时，则说道：'我们可以慢慢地走'，这是离开自己母国的态度。当快则快，当久则久，当退则退，当仕则仕，这就是孔子的风格。"

孟子说："在这四个圣人中，伯夷，可以称为'清圣'；伊尹，可称为'任圣'；柳下惠，可以称为'合圣'；孔子，可以称为'时圣'。在四圣中，孔子是集其大成者。这种集大成就像奏乐一样，先敲铜钟，后击玉磬。以钟声起者，是使节奏有序地开始；以磬声收尾，是使节奏有序地终结。开始引导在前的是聪明人做的事；终了收尾结束合成的是圣人做的事。智者之事就像射手的技巧，而圣者之事则要靠力气把箭射出去。古代的神射手养由基在百步之外射穿杨树叶，能不能射到那么远，靠的是力气；而能不能射中目标，靠的则是技艺高低，而不在力气大小了。"

【注解】

本章是讲古之圣贤不拘一格，各演风采的。称伯夷为圣者之"清"——以清高孤洁而闻名天下；称伊尹为圣者之"任"——以天下为己任自任之重而闻名天下；称柳下惠为圣者之"和"——随波而不逐流，洁身而不远众择；称孔子为圣者之"时"，以应时进退，不勉其强，继三圣之后能集其大成者，亦为应时。

"伯夷"，殷商时代的大贤者。与叔齐二人均为商朝统治下的属国孤竹国的王子。伯夷为长子，国王去世命三子叔齐继位，叔齐却非要让国于兄。伯夷为不违父命便离家出走。叔齐也追随他哥哥一齐走了。二人投奔周文王，适逢文王去世，武王伐纣。二人劝武王息兵。武王不听而灭纣，建立周朝。二人认为，以臣灭君自立，这是不义之举，两个人便"耻食周粟"，跑到首阳山中以吃野菜为生。后来有人说：这种薇菜也是长在周土上的。兄弟二人竟然绝食饿死。"伊尹"，商朝开国君主成汤的贤相，出身于奴仆，为汤王重用，连辅三朝。"柳下惠"，春秋时鲁国的法官，曾因以直道事人而被三次罢官而闻名古今。但他矢志不改，仍留在鲁国不走，尽力去做好事。本人名为展禽，时人称其"柳下子"，死后，其妻称其号为"惠"。其著名有三。其一，直道事人，被罢官也不肯屈己。其二，以信誉著名，秦国向鲁国索取周鼎，鲁公送了假的去，秦国要柳去送才认为是真的。鲁公找到他，他却说："那我不是骗人吗？"死活不去。鲁公只得送了真的去。其三，坐怀不乱。冬雪天在城门外遇到苦于寒的女子，他解开衣服，把她抱在怀里睡了，但没有人为此攻击他。其誉如此之清，却不得重用。"接淅而行"，朱子注："接，犹承也。淅，渍米水也。渍米将炊，而欲去之速，故以手承水取米而行，不及炊也。"是着急走，连把饭做熟了都等不及的意思。"集大成"，"成"，音乐一个曲调之终了为一小成，集合诸小成为大成。朱子注称："此言孔子集三圣之事，而为一大圣之事。犹作乐者，集众音之小成，而为一大成也。成者，乐之一终，书（书经）所谓'箫韶九成'是也。""金声而玉振"：

"金"指钟，"玉"指磬，这是两种乐器；"声"为宣播，"振"为收义。"始条理"："始"为开始；"条理"指脉络、有序，使其不杂乱意。钟为始音，磬为终音，故称"始条理""终条理"。古乐曲以钟为始发，以磬为终止，使其起止有序。朱子注称："盖乐有八音：金、石、丝、竹、匏、土、革、木。若独奏一音，则其一音自为始终，而为一小成。……八音之中，金石为重，故特为众音之纲纪。又金始震而玉终诎然也，故并奏八音。"以"金声"始，以"玉振"终，统摄各乐音，统一有序完成，故称"集大成"。"其至、其中"："至"，射到多远；"中"，射中目标。

七十一、圣人可奋人于百代

孟子曰："圣人，百世之师也，伯夷、柳下惠是也。故闻伯夷之风者，顽夫廉，懦夫有立志；闻柳下惠之风者，薄夫敦，鄙夫宽。奋乎百世之上，百世之下，闻者莫不兴起也。非圣人而能若是乎？而况于亲炙之者乎？"（原文录于《孟子七篇·卷七·尽心下·圣人章》）

【译文】

孟子说："圣人可为百代之师表，如伯夷、柳下惠两位就是。因此听说伯夷清高志节的人，贪婪才变得清廉，懦弱的也立志自强了；听说柳下惠随时、合群风尚的人，刻薄的变忠厚了，狭隘的变宽容了。他们在百代之前发奋，百代之后，闻知者无不奋发振作。不是圣人能够如此吗？更何况对于那些直接受到他们熏陶的人呢？"

【注解】

本章讲圣人的影响力，主要讲通过他们的人格风尚可以影响到百代上下的人们去与他们共同奋起。而举的两个例子，一个是清高到极致的，另一个是极随和的。是很有意思的一种隐喻。"亲炙"，指直接受到他们熏陶的当世人。

七十二、圣贤境不同而道同

孟子曰："仲尼不为已甚者。"（原文录于《孟子七篇·卷四·离娄下·仲尼章》）

禹、稷当平世，三过其门而不入，孔子贤之。颜子当乱世，居于陋巷，一箪食，一瓢饮，人不堪其忧，颜子不改其乐，孔子贤之。孟子曰："禹、稷、颜回同道。禹思天下有溺者，由己溺之也；稷思天下有饥者，由己饥之也，是以如是其急也。禹、稷、颜子易地则皆然。今有同室之人斗者，救之，虽被发缨冠而救之，可也；乡邻有斗者，被发缨冠而往救之，则惑也，虽闭户可也。"（原文录于《孟子七篇·卷四·离娄下·禹稷章》）

【译文】

孟子说："孔子是做事不过分的人。"

大禹和后稷这两位贤人生逢尧、舜的承平之世，一个忙于治水，一个忙于兴农，都能为天下事三过家门而不入，孔子很以其为贤。孔子的学生颜回生逢乱世，居住在穷僻的小巷子里，每餐只有一小篮饭、一瓢水，如此艰苦，别人都无以忍受，可是颜回却不改其乐，孔子也以此称其为贤。孟子说："禹、稷、颜回三人地位不同，但他们所遵奉的道理是相

禹娶涂山图

　　大禹娶涂山女为妻，生子夏启。大禹受命接替他的父亲去治理大洪水，三过家门而不入。终于治水成功。

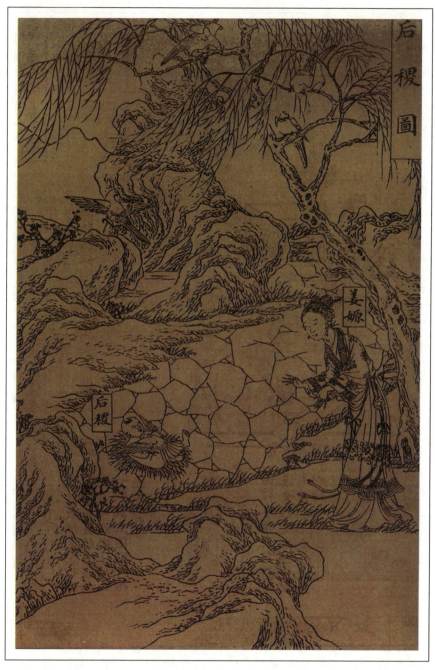

后稷圖

姜嫄

后稷

姜嫄收子图

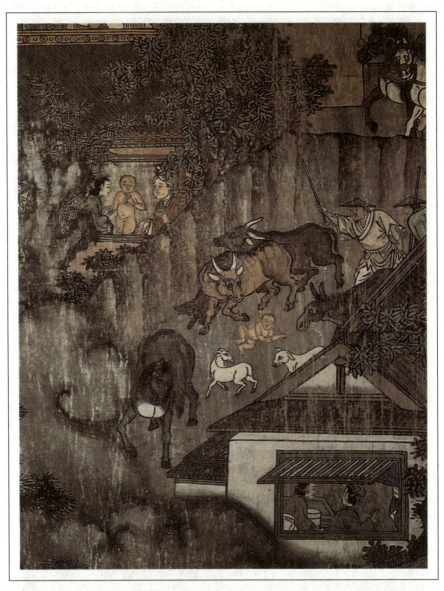

山西稷益庙壁画

后稷三弃图

　　传说，上古圣人农神后稷生下来后曾经三次被抛弃。被扔在巷子里，牛马牲畜见到以后都来保护他；被扔在树林里，有人惊走，被扔在冰雪地里，鸟儿飞来给他取暖。其母姜嫄以为他是神，便把他又带回家中。

同的。大禹心中想的是，天下还有被水淹的，就如同是自己把他们淹在水里一样；后稷想的是，天下还有人在饥饿之中，就如同自己使他们挨饿一样。因此他们都急于天下公务而顾不上回家了。这两个人如果同颜回换个位置，也都一样。比如现在有同住一处的人相斗，为了救他们，即使披散头发还要戴好帽子去救也是可以的；如果是乡邻之间起了争斗，也这样前往相救，就是糊涂了。这种时候即使是关门闭户也是可以的。"

【注解】

此章主要讲圣贤之人虽然各有不同，但其心地与本性是相同的。只是把大禹、后稷、颜回三人与两种"救斗"相比较，实是费解，须读《孟子注疏》，才会略有所明。

朱子注禹、稷与颜回相比照时，如是说："圣贤之心无所偏倚，随感而应，各尽其道。故使禹、稷居颜子之地，则亦能乐颜子之乐；使颜子居禹、稷之任，亦能忧禹、稷之忧也。"而孙奭在疏注两种"救斗"时，称同室之人为"亲"、乡邻之人为"疏"。因此，前者必急救，否则失于亲意；而后者可不救，因其疏远，而与己无亲。此解皆似欠通，留此存疑吧！

"已甚"，太过。"禹、稷"："禹"在舜帝时代负责天下水患的治理；"稷"也称"后稷"，在舜帝时代掌管天下开田农耕之事。

七十三、三圣之道——子路闻过则喜；禹闻善言则拜；大舜由耕者而为帝，无非善与人同

孟子曰："子路，人告之以有过，则喜。禹闻善言，则

拜。大舜有大焉：善与人同，舍己从人，乐取于人以为善；自耕稼、陶、渔，以至为帝，无非取于人者。取诸人以为善，是与人为善者也，故君子莫大乎与人为善。"（原文录于《孟子七篇·卷二·公孙丑上·子路章》）

【译文】

孟子说："子路这个人，听到别人告诉他他的缺点在何处，他就很高兴。大禹听到别人向他讲有益的话，便拜谢于人。而大舜更是伟大：愿意同别人一道行善，舍弃自己的不足，学习别人的长处，乐意吸收别人的优点来行善；他从在历山耕田，在河边烧窑，在大泽捕鱼，一直到称帝，一路无非都在取优点之于他人。吸收别人的优点来行善，是同别人一道行善，因此说，君子之大善莫过于与人为善。"

【注解】

本章讲古圣人诚乐于善的故事：第一个是子路闻过则喜；第二个是夏禹听别人对他讲良言便马上拜谢；第三个是大舜，从布衣百姓开始，一直到成为帝王，都是取人之善而成己之善，从而助人为善。

尤其是，大舜的过人之处有三条：其一，善与人同——不独善，不私其善，公诸天下，使其善与天下人同享共行；其二，舍己从人，两善相逢，自己顺从他人之善；其三，乐取人之善为己善，以此助人为善，成就他人。

"与人为善"，朱子注称："与，犹许也，助也。取彼之善而为之于我，则彼益劝于为善矣，是我助其为善也。能使天下之人皆劝于为善，君子之善，孰大于此。此章言圣贤乐善之诚，初无彼此之间。故其在人者有以裕于己，在己者有以及于人。"

七十四、守勇守气莫若守理守约；志为气帅，志气互动；唯真弟子可为圣者留其名而传其业

公孙丑曰："夫子加齐之卿相，得行道焉，虽由此霸王，不异矣。如此，则动心否乎？"

孟子曰："否。我四十不动心。"

曰："若是，则夫子过孟贲远矣。"

曰："是不难。告子先我不动心。"

曰："不动心有道乎？"

曰："有。北宫黝之养勇也，不肤挠，不目逃。思以一豪挫于人，若挞之于市朝。不受于褐宽博，亦不受于万乘之君。视刺万乘之君，若刺褐夫。无严诸侯。恶声至，必反之。孟施舍之所养勇也，曰：'视不胜犹胜也。量敌而后进，虑胜而后会，是畏三军者也。舍岂能为必胜哉？能无惧而已矣。'孟施舍似曾子，北宫黝似子夏。夫二子之勇，未知其孰贤，然而孟施舍守约也。昔者曾子谓子襄曰：'子好勇乎？吾尝闻大勇于夫子矣。自反而不缩，虽褐宽博，吾不惴焉；自反而缩，虽千万人，吾往矣。'孟施舍之守气，又不如曾子之守约也。"

曰："敢问夫子之不动心，与告子之不动心，可得闻与？"

"告子曰：'不得于言，勿求于心。不得于心，勿求于气。'不得于心，勿求于气，可。不得于言，勿求于心，不可。夫志，气之帅也。气，体之充也。夫志，至焉；气，次焉。故曰：'持其志，无暴其气。'"

"既曰'志，至焉；气，次焉'，又曰'持其志，无暴其气'者，何也？"

曰："志壹则动气，气壹则动志也。今夫蹶者、趋者，是气也，而反动其心。"

"敢问夫子恶乎长？"

曰："我知言，我善养吾浩然之气。"

"敢问何谓浩然之气？"

曰："难言也。其为气也，至大至刚，以直养而无害，则塞于天地之间。其为气也，配义与道；无是，馁也。是集义所生者，非义袭而取之也。行有不慊于心，则馁矣。我故曰：告子未尝知义，以其外之也。必有事焉而勿正，心勿忘，勿助长也。无若宋人然。宋人有闵其苗之不长而揠之者，芒芒然归，谓其人曰：'今日病矣，予助苗长矣。'其子趋而往视之，苗则槁矣。天下之不助苗长者寡矣。以为无益而舍之者，不耘苗者也。助之长者，揠苗者也，非徒无益，而又害之。"

"何谓知言？"

曰："诐辞知其所蔽，淫辞知其所陷，邪辞知其所离，遁辞知其所穷。生于其心，害于其政；发于其政，害于其事。圣人复起，必从吾言矣。"

"宰我、子贡善为说辞，冉牛、闵子、颜渊善言德行。孔子兼之，曰：'我于辞命，则不能也。'然则夫子既圣矣乎？"

曰："恶！是何言也！昔者子贡问于孔子曰：'夫子圣矣乎？'孔子曰：'圣则吾不能，我学不厌而教不倦也。'子贡曰：'学不厌，智也；教不倦，仁也。仁且智，夫子即圣矣。'夫圣，孔子不居。何言也？"

"昔者窃闻之：子夏、子游、子张，皆有圣人之一体，冉牛、闵子、颜渊，则具体而微。敢问所安？"

曰："姑舍是。"

曰："伯夷、伊尹何如？"

曰："不同道。非其君不事，非其民不使；治则进、乱则退，伯夷也。何事非君，何使非民；治亦进，乱亦进，伊尹也。可以仕则仕，可以止则止，可以久则久，可以速则速，孔子也。皆古圣人也。吾未能有行焉，乃所愿，则学孔子也。"

"伯夷、伊尹于孔子，若是班乎？"

曰："否。自有生民以来，未有孔子也。"

曰："然则有同与？"

曰："有。得百里之地而君之，皆能以朝诸侯，有天下。行一不义、杀一不辜而得天下，皆不为也。是则同。"

曰："敢问其所以异？"

曰"宰我、子贡、有若，智足以知圣人；污，不至阿其所好。宰我曰：'以予观于夫子，贤于尧、舜远矣。'子贡曰：'见其礼而知其政，闻其乐而知其德，由百世之后，等百世之王，莫之能违也。自生民以来，未有夫子也。'有若曰：'岂惟民哉！麒麟之于走兽，凤凰之于飞鸟，泰山之于丘垤，河海之于行潦，类也。圣人之于民，亦类也。出于其类，拔乎其萃。自生民以来，未有盛于孔子也。'"（原文录于《孟子七篇·卷二·公孙丑上·动心章》）

【译文】

公孙丑向他的老师孟子问道："如果老师能当上齐国的卿相，得以实行你的主张，即使称王称霸都不足为奇。如果能这样，您是否就会对此动心呢？"

孟子说："不。我从四十岁就不动心了。"

公孙丑说："如果是这样，那先生的志节就超过古代勇士孟贲很远了。"

孟子说:"这没什么。告子比我不动心还早呢。"

公孙丑又问道:"对此不动心,有什么方法吗?"

孟子说:"有。但不动心也有种种不同。如齐国的勇士北宫黝培养勇气,肌肤伤了也不屈不挠,眼睛受到刺激也目不转睛。如果有一点受辱,就如同在大庭广众之下被人鞭打一样。既不能忍受那些嘲笑,也不能忍受万乘之国的君王的耻辱。把刺杀万乘君王当成刺杀一个平民一样。也不惧怕诸侯,一旦有不敬的声音入耳,就一定去报复而不肯放过。而孟施舍培养勇气就不同,他自己说:'我把打不胜也看成能胜。如果算计好敌人少才敢进攻,先考虑胜败才敢去迎敌接战,就是怕敌人的三军之势众了。我怎么能知道会必胜呢?只是我能做到无所畏惧而已。'孟舍的勇道很像曾子,而北宫黝的勇道很像子夏。这两个人的勇道,不知哪个更贤,然而孟舍信守的似乎更得要领。从前,曾子对他的学生子襄说过:'你喜欢勇敢吗?我曾经从老师那里听过什么是真正的大勇:如果自思是自己无理的,那么哪怕面前是一个长袍短袖的布衣百姓,我也不去以强凌弱,不怕别人嘲笑我胆小;如果自思自己有理,即使面对千军万马的强敌,我也会勇往直前。'如此看来,孟施舍信守的一身勇气,又不如曾子的守理来得更为切要。"

公孙丑又问道:"敢问老师您的不动心与告子不动心的道理,能讲给我听听吗?"

孟子回答:"告子说:'不得他人的善言相加,也不要老于自己心中去反求原因;不得他人的善心相待,也不要求助于怒气。'告子讲的,不得他人的善心相待而不动气,是可以的;但不得他人的善言相加而不反求于自心,则不可以。一个人的心志,是气的主帅;喜怒之气,则是充满于身的。志最重要,而气则是受心志主导的。因此说:'人当守志,也不可自弃气节。’”

公孙丑又问道：“既然说‘志，至焉；气，次焉’，又说要‘持其志，无暴其气’，是怎么回事呢？”

孟子说：“心志专一时也当有心气为之动，凡心气专一时也有心志随之活动。比如说人跌倒、奔走，是气所致，但反过来也影响到人的心理活动。”

公孙丑又问道：“敢问老师您能不动心的长处是什么呢？”

孟子说：“我知道话中的是非，我善于存养我的浩然之气。”

公孙丑又问道：“敢问老师什么是浩然之气呢？”

孟子回答：“这很难用言语来表述。这种气极大而无量，极刚而不可屈，如果顺其而蓄养，又不妨害它，便可充斥于天地之间。这种气，合乎义理与天道；没有它，就没有力量。这种正气是义理的集合积累所成，并非做一义事就可以得到的。所行如有不合于义处，心有所亏，也就胆怯了。我之所以说告子还不曾知道义存于心，就是因为他把义当成身外的了。养浩然正气必得多积仁义善事而不能只是凭期待，不可以忘怀于心，也不可以心存助长之意。千万不要像宋国的那个人：宋国有个人愁庄稼苗长得不够快，便去拔苗助长，非常疲惫地回家了，对家人说：‘我今天很累啊，我帮助禾苗长高。’他的儿子跑到地里一看，禾苗都已经枯萎了。天下不干这种助苗长高的事的人太少了。养气也同样，不能以为不能马上受益的事就放弃，这就如同不肯去铲地培土，而只想去拔苗助长一样，非但无益，反而有害于小苗。”

公孙丑又问道：“什么是‘知言’呢？”

孟子说：“所谓知言，就是听到偏颇的话便知其被蒙蔽之处，听到放荡不经的话便知其深陷在哪里，听到歪理邪说便知其是离经叛道的，听到逃避的话便知其理屈词穷了。这四种毛病一旦发生在心里，便一定危害到政治；一旦发生在政治中，便会危害到一切事物。就是圣人兴起，也一定会同意我的这种说法。"

公孙丑又向孟子问道："在孔子的弟子中，宰我和子贡这两个人擅长于口才；冉牛、闵子和颜渊这几个人长于德行。他们的老师孔子则兼具二者，却自谦地说：'在说辞方面我很欠缺啊！'但是老师您既能养浩然正气，又能知人之言，就称得上圣人了吧？"

孟子说："咦！这是什么话！从前子贡曾经这样问孔子，说：'先生当是圣人了吧？'孔子说：'要说到圣，我是不行的，我不过是自己求学问从不厌弃，对别人讲说、传授从来没有倦怠过而已。'子贡又说：'自己学而不厌，是智慧；对别人诲而不倦，是仁德。既仁又智，老师您已经是圣人了。'这个'圣'字，连孔子都不敢自居，你怎么可以说我是圣人呢？"

公孙丑又问道："从前我私下里听说：子夏、子游、子张，这三个人都有可称为圣的一个方面；冉牛、闵子、颜渊，这三个人很全面但器局还微小一些。敢问老师您和他们相比，处于什么位置呢？"

孟子回答道："我们还是暂且放下这几个人不说吧。"

公孙丑说："那么您和伯夷、伊尹相比又怎么样呢？"

孟子回答："这和孔子不是一回事。不喜欢的君主，他是不去服侍的，不喜欢的人，他是不去使唤的；清平盛世，他才肯为官于朝，浑浊乱世，他便退隐山林：这是伯夷。什么样的君主他都可以服侍，什么样的民众他都可以支配；治世可为官，乱世也可为官：这是伊尹。应该出而为官便为官，应该退出就退出；可以久居的就久居，可以速去的就马上离开：这是孔子。他们都是我所不及的先师古圣。我还做不到他们那样，如果说我心中所向往的，那就是学习孔子。"

公孙丑又问道："伯夷、伊尹和孔子，这三个人可以等同而论吗？"

孟子说："不。自从有人类以来，还没有谁能和孔子相比的。"

公孙丑又问："那么他们之间有什么相同之处吗？"

孟子说："有。他们都有可以以百里之地而令诸侯朝拜、称王天下的仁德。他们都不会用不道义和滥杀无辜的办法去征服天下。这就是他们的相同之处。"

公孙丑又问道："敢问老师，他们的不同之处是什么呢？"

孟子说："宰我、子贡、有若，这三个孔门弟子的智慧足以了解他们老师的圣道；即使再低下，也不至于去阿谀奉承。宰我说：'以我的眼光看孔夫子，在贤德方面比尧、舜还要超过很远。'子贡说：'只要看看一个人遵行的礼度便可以知道他的政业，听听他制作的乐曲便可以了解他的德行，从百世以后，数百代君王尽管有高下之别，但没有能违背这个道理的。而能够像孔夫子这样优秀的，自有人类以来还没有出现过。'有若说：'孔夫子的地位岂止是在一般人与人之间相类比所能说明白的！麒麟对于走兽，凤凰对于群鸟，泰山对于小土包，河海对于小水流，都是同类。圣人对于平民，也是同类。但能够超出这一类的，在这一类群中能高拔于其上的，自有民众以来，还没有比孔夫子成就更大的。'"

【注解】

朱子引程子注称："孟子此章，扩前圣所未发，学者所宜潜心而玩索也。"本章主要讲孟子对于名利之不动心的修为根基所在有四：其一，坚守义理，自不为所动；其二，善于自养浩然正气于心，自无所动所惧；其三，知人之言之是非、明辨道义所在，自无可动摇其心志、改其操守者；其四，如孔子一样，超乎于群类之上，一切顺其自然而进退行止，循道而为。程子注称："心通乎道，然后能辨是非，如持权衡以较轻重，孟子所谓知言是也。"朱子注称："非心通于道，而无疑于天下之理，其孰能之？"

本章还通过对话的方式，论述了众多古圣贤的异同之处。尤其对孔子大加赞美、升华、拔高、神化。对孔子给予了超乎那个时代无以复加的美誉。这大概是神化孔子最早的一篇古典文献。后世之人之所以并称"孔孟之道"，概因为孔、孟二圣之道一脉相承，也是因为孔子之道得到流传，孟子的继承传播当居首功；而孟子之道得以流传于后世，则当推功于有宋程朱理学，尤当推功于朱子的毕生推广绍续。而所谓"流传""传人"，无非说凡得流行于后世者，都离不开继承者的传播。

"四十不动心"，朱子注："四十强仕，君子道明德立之时。孔子四十而不惑，亦不动心之谓。""孟贲"，古代勇士名，朱子注称：是公孙丑"借之以赞孟子不动心之难。孟子言告子未为知道，乃能先我不动心，则此亦未足为难也"。"不肤挠"，不会因为肌肤受刺激而抓挠。"目逃"，朱子注："目被刺而转睛逃避也。""不受"，不肯让人侮辱、讥笑。"褐宽博"："褐"，粗布短衣；"宽博"，宽大、不合体之衣。二者都是指穿戴不整齐的贫贱之人。"视刺"，看待刺杀。"无严"，不畏惧。"北宫黝"，齐国恃勇力者，朱子注称其"盖刺客之流，以必胜为主，而不动心者也"。"孟施舍"，名为"孟舍"，"施"字为语气词。朱子注称其"盖力战之士，以无惧为主，而不动心者也"。"守约"，持守重要之处，依理而行。"约，要也。"朱子注"二子之勇"句称："言论二子之勇，则未知谁胜；论其所守，则舍比于黝，为得其要也。""自反而不缩"，如果扪心自问，自己无理。"自反而缩"，扪心自问，自己有理。"不惴"，不让他害怕，不以强凌弱。"守气"，自守一身之气概而不论其他。"告子"，名为不害，孟子称其为虽然不是深以得道之人，仍能不动心。"行有不慊于心，则馁矣"，行为如果不合于义，内心便会觉得有亏欠不足，便理不直气不壮。"慊"，朱子注为"快也，足也"。"馁"，朱子注为"饥乏之气不充体也"，"疑惧，而不足以有为矣"。"芒芒然"，朱子注为"无知之貌"。"知言"，能明辨他人种种说法中的是非曲直之所在。"一体"，一个方面，如四肢中的一肢。"具体而微"，得其全面，但又大得不够达到大成的地步。"所安"，居于什么位置。

七十五、人品之"善信美大圣神"六境界

浩生不害问曰："乐正子何人也？"

孟子曰："善人也，信人也。"

"何谓善？何谓信？"

曰："可欲之谓善，有诸己之谓信，充实之谓美，充实而有光辉之谓大。大而化之之谓圣，圣而不可知之之谓神。乐正子，二之中、四之下也。"（原文录于《孟子七篇·卷七·尽心下·浩生章》）

【译文】

浩生不害问孟子："您的学生乐正子是哪一类人呢？"

孟子答道："是个善人，是个信人。"

浩生不害又问道："什么是善？什么是信呢？"

孟子说："他的人品让人喜爱，便可以称之为'善人'；他的美好品格都是发自内心而不是装出来的、虚伪的，便可以称之为'信人'。这种善、信之气充满他全身的就是美德之人；这种充实的气质又能表现在他的言行举止和事业上，能像日月星光一样照耀生前身后的，便可以称之为'大人'了；这种光大美德，又能化入身心言行，一切行于自然自在而无阻碍的，便可以称之为'圣人'；这种自然自在的境界，如果达到常人无法用一般的常情常理去理解的程度的，那就可以称之为'神人'了。乐正子这个人基本上达到了善与信这两境的中间，但还在其他四境之下。"

【注解】

唐驼注本章为"讲学问的程度，有一定的等级"。其实，本章之义何止于"学问"二字，其实是在讲述人生之品的六种境界：一境为人性之根本的善境；二境为为人处世之诚至无欺的信境；三境为善、诚两端所培养成的道德、学养、气质之美境；四境为人的作为、事业之大境；五境为将外在的行为、事业所成之德智又内化为人格的圣境；六境为将前五境扩充、升华为超越世人、常人的大智慧，可自由行于天、地、人之间的神境。这六种人生品格的境界是拾级而上的，实际上是在讲一种从人性善出发，而达到人生最高境界的"天堂之路"。

"浩生不害"，"浩生"为姓，"不害"为名，齐国人。"乐正子"，孟子的学生。张子注："颜渊、乐正子皆知好仁矣。乐正子志仁无恶而不致于学，所以但为善人信人而已；颜子好学不倦，合仁与智，具体圣人，独未至圣人之止耳。""可欲"，让人喜欢，合人心意。"有诸己"，指善是发自内心的，真的，实的。"充实"，朱子注此句称："力行其善，至于充满而积实，则美在其中而无待于外矣。""光辉之谓大"，朱子注此句称："和顺积中，而英华外发；美在其中，而畅于四肢，发于事业，则德业至盛而不可加矣。"以此而称其大。"大而化之"，朱子注此句："大而能化，使其大者泯然无复可见之迹，则不思不勉、从容中道，而非人力之所能为矣。张子曰：'大，可为也；化，不可为也。在熟之而已矣。'""神"，程子注："圣不可知，谓圣之至妙，人所不能测。非圣人之上，又有一等神人也。"

七十六、孔子忧乱臣贼子而修《春秋》，孟子惧人食人而述七篇

公都子曰："外人皆称夫子好辩，敢问何也？"

孟子曰："予岂好辩哉？予不得已也。天下之生久矣，一治一乱。当尧之时，水逆行，泛滥于中国，蛇龙居之，民无所定。下者为巢，上者为营窟。《书》曰：'洚水警余。'洚水者，洪水也。使禹治之，禹掘地而注之海，驱蛇龙而放之菹，水由地中行，江、淮、河、汉是也。险阻既远，鸟兽之害人者消，然后人得平土而居之。

"尧、舜既没，圣人之道衰。暴君代作，坏宫室以为污池，民无所安息；弃田以为园囿，使民不得衣食。邪说暴行又作，园囿、污池、沛泽多而禽兽至，及纣之身，天下又大乱。周公相武王，诛纣、伐奄。三年讨其君，驱飞廉于海隅而戮之，灭国者五十，驱虎、豹、犀、象而远之，天下大悦。《书》曰：'丕显哉，文王谟！丕承哉，武王烈！佑启我后人，咸以正无缺。'

大禹治理黄河、长江、汉水、淮河图

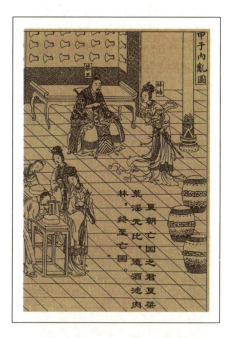

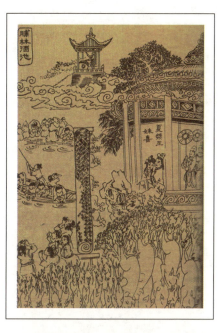

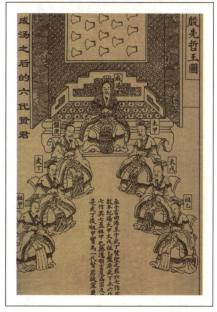

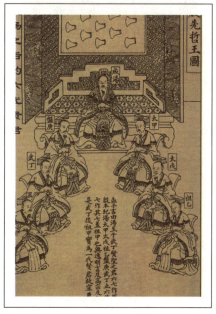

夏商兴替图

纣王昏庸无道图

武王祭臺
子牙命監在後營
優到土臺上布起
裏斗散去彤雲現
出紅日如大一般
把岐山腳下冰都
化了紂營五萬人
馬凍死三五千餘
盡逃去子牙又命
南宮适往西岐城
靖武王至岐山南
宮适奉命前去武
王隨同衆文武往
岐山來子牙下山
迎接武王曰相父
邀孤有何商議子
牙曰前大王親祭
岐山實則祭封神
臺並非祭岐山武
王拈香子牙隨命
將三人推來

民国时期连环画

周武王伐纣祭台图

"世衰道微，邪说暴行有作，臣弑其君者有之，子弑其父者有之。孔子惧，作《春秋》。《春秋》，天子之事也。是故孔子曰：'知我者其惟《春秋》乎！罪我者其惟《春秋》乎！'

"圣王不作，诸侯放恣，处士横议，杨朱、墨翟之言盈天下。天下之言不归杨，则归墨。杨氏为我，是无君也；墨氏兼爱，是无父也。无父无君，是禽兽也。公明仪曰：'庖有肥肉，厩有肥马，民有饥色，野有饿莩，此率兽而食人也。'杨、墨之道不息，孔子之道不著，是邪说诬民，充塞仁义也。仁义充塞则率兽食人，人将相食。吾为此惧，闲先圣之道，距杨墨，放淫辞，邪说者不得作。作于其心，害于其事；作于其事，害于其政。圣人复起，不易吾言矣。

"昔者禹抑洪水而天下平，周公兼夷狄、驱猛兽而百姓宁，孔子成《春秋》而乱臣贼子惧。《诗》云：'戎狄是膺，荆舒是惩，则莫我敢承。'无父无君，是周公所膺也。我亦欲正人心、息邪说，距诐行、放淫辞，以承三圣者，岂好辩哉？予不得已也。能言距杨、墨者，圣人之徒也。"（原文录于《孟子七篇·卷三·滕文公下·好辩章》）

【译文】

公都子对孟子说："外面的人都说老师是一个喜欢争辩的人，这是为什么呢？"

孟子说："我怎么会老喜欢去和人家争辩呢？我不过是不得已而为之罢了。天下形成久远，总是在治乱交替中而到如今。在尧帝时代，天下的江河之水倒流逆行，在中原之地泛滥成灾，到处是有害的生物，而人民却没有安居之处。在低的地方架木为巢，在高地上去造穴洞，像鸟兽一样巢宿穴居。《尚书》上说：'天发浲水以警示于我们。'那浲水就是无边际的大洪水。尧帝派大禹去治水，大禹掘地开沟，引导水流入大海，驱逐那些水中害物到水草杂生的地方，河流沿着河道流淌，就形成了长江、淮河、黄河、汉水这些有河道的水系，使洪水从中原都顺畅地流泻到海中。水灾即除，害人的鸟兽也消除了，然后人们才得以在平地上居住。

"尧、舜二帝先后去世，圣人之道开始没落。继之而兴起的是暴君暴政。他们把百姓的房屋毁坏，改为玩乐的水池，而民无安身之处；他们把耕地荒废，变成游乐的鸟兽园林，使人民失去衣食温饱的保障。与仁义相悖的邪说与暴行同时兴起，鸟兽园林、水池草泽日久而成为禽兽的天下。到了纣王的时代，天下又大乱。周公辅佐周武王杀了商纣、征讨奄地，三年便诛杀了奄地的君主，把飞廉放逐到海边杀掉，先后灭了暴政虐民的小国五十个，又把那些祸害人畜的野兽都驱赶到了人不居住的偏远之地。天下百姓才又得以安居乐业，普天之下的人民无不喜悦开怀。《尚书》上说：'伟大而显赫啊，周文王的谋略！伟大的继承啊，周武王的功勋！周公帮助我后人开启的成康之治，都走的是光明正大而无亏缺之路。'

"可是曾几何时，周朝后期的世道又开始衰微没落，各种不仁不义的邪说与虐民的暴行又开始交相发作，臣下杀其君主的有之，儿子杀其父的有之。孔子见此，非常忧惧天下之乱，但他没有别的办法，只有用笔去改写《春秋》这部书来笔伐那些诛君的乱臣、杀父的贼子，以警诫天下之人。孔子删定的《春秋》虽然是鲁国的史书，但其中所载都是天下之事，都是天子之事。因此，孔子说：'能理解我的，只有《春秋》这部书啊！而加罪于我的，也就是这部书啊！'

"自孔子去世后，周朝没有圣王的兴起，诸侯国更加骄恣放肆，不把周天子放在眼里，在野的知识者各种学派论点横生。尤其是杨朱与墨翟的观点，充斥天下。天下的舆论似乎只有两种：不是归依于杨朱的学派，便流入墨翟的学说。杨氏'为我'的理论，是目无君上的；墨氏'兼爱'之说，则是目无父严的。不把君主和父亲放在眼里，只有禽兽才会如此啊！鲁国的贤人公明仪曾经说过：'权贵的厨房里堆满了肥肉，马棚里的马都喂得又肥又壮，可是老百姓却饿得面露饥色，野地里到处是饿死的尸体。这就好像率领着一群野兽在吃人。'如今如果杨、墨的邪说不止息，孔子的学说不显行于世，那就是在以邪说迷惑世人，堵塞了仁义之路。而仁义之路被堵塞，那就不但如率领着野兽吃人，而且将会有人吃人的惨状发生。孔子因忧惧于乱臣贼子而作《春秋》，而我则因为忧惧这种兽食人、人食人的惨状发生，所以才想学习传播先圣之正道，以抵制杨、墨之邪道，驱逐那些背离仁义的谰言，让那些持邪说者不得兴起。一旦起于心，则害其事；起于事，则害其政。就是圣人重新兴起，我这些话也是不可改变的正理。

"从前，大禹治理了洪水而天下太平；周公兼并了夷、狄，驱逐了有害的兽类而百姓安宁；孔子修定《春秋》一书而乱臣贼子开始惧怕。《诗经》上说：'戎、狄这两个地方一定要去攻击，荆、舒这两个地方一定要去惩治，就没有敢来抵挡我的了。'像无君的杨朱、无父的墨翟，就是周公再世也一定会打击、排斥他们的。我也正是想要端正天下人心、消除天下邪说，拒绝那些伪行，驱斥过激的言辞，以继承大禹、周公、孔子三位先圣的正道，因此才去到处宣扬他们的思想，驳斥那些邪说。岂是我乐于去与人争辩呢？我是不得已而为之的。今后之世如有人能以自己的道理，抵制、拒绝杨、墨的邪说，就算是圣人之类的人了。"

【注解】

本章是孟子的一篇"自明书"，主要讲述他为什么去与人争辩。因为世风日下，礼崩乐坏，暴力与邪说横行，人们又都去归依杨朱，而置孔子的正统学说于不顾，他正是为了拨乱反正，才去与人争辩的。

"泷（jiàng）水"，朱子注："泷水，泷洞无涯之水也。""菹（zū）"，多水草的沼泽地。"暴君代作"，残暴的君主一代代兴起。"暴君"，指夏朝中后期的几个暴君。"洿池"，蓄水之池。"奄"，东方小国中的大国，助纣者。"三年"，指武王伐纣战争前后连续打了三年，是从第一次至孟津，到重新出征后的班师归国为三年，而不是打奄国打了三年。"飞廉"，纣王的宠臣。"丕、显、谟、承、烈"，"丕"为大，"显"为明，"谟"为谋，"承"为续，"烈"为光。"佑启我后人"，周公帮助武王的后人开启了成王、康王的治世。"知我者、罪我者其惟《春秋》"，孔子为什么如此说呢？因为那些正直的人会从《春秋》这部书中看出他治《春秋》为肃正纲纪、纠正礼法的真正用心；那些受到打击、处罚、惩治的乱臣贼子则会把罪过归于他治《春秋》明君道、正礼法上来。"处士"，没有进入官场的士人、学人。"闲"，赵岐注为"习也"。

> 七十七、论乡原：狂者过之，可与言道；
> 狷者不及，可与作为；
> 而乡原却是恶莠乱苗，恶紫夺朱，
> 乱德之徒，而经正则无邪生

万章问曰："孔子在陈，曰：'盍归乎来？吾党之小子狂

孔子在陈绝粮图

清代绘画

孔子六十三岁那年，带着弟子应邀去楚国，到了陈、蔡两国的边境，两国的兵把他们围困起来，子路出去找粮食回来却见孔子在弹琴。

孔子见楚狂人接舆图

清代绘画

楚国的狂人接舆唱着往者不可谏、来者犹可追的歌，从孔子的车旁走过，孔子下车想和他说话，接舆却走了。

明代绘画

孔子讲学图

简，进取不忘其初。'孔子在陈，何思鲁之狂士？"

孟子曰："孔子'不得中道而与之，必也狂狷乎！狂者进取，狷者有所不为也'，孔子岂不欲中道哉？不可必得，故思其次也。"

"敢问何如斯可谓狂矣？"

曰："如琴张、曾皙、牧皮者，孔子之所谓狂矣。"

"何以谓之狂也？"

"其志嘐嘐然，曰：'古之人，古之人。'夷考其行，而不掩焉者也。狂者又不可得！欲得不屑不洁之士而与之，是狷也，是又其次也。孔子曰：'过我门而不入我室，我不憾焉者，其惟乡原乎！乡原，德之贼也。'"

曰："何如斯可谓之乡原矣？"

曰："何以是嘐嘐也？言不顾行，行不顾言，则曰'古之人，古之人。行何为踽踽凉凉？生斯世也，为斯世也，善斯可矣'。阉然媚于世也者，是乡原也。"

万章曰："一乡皆称原人焉，无所往而不为原人，孔子以为德之贼，何哉？"

曰："非之无举也，刺之无刺也，同乎流俗，合乎污世，居之似忠信，行之似廉洁，众皆悦之，自以为是，而不可与入尧、舜之道，故曰'德之贼'也。孔子曰：'恶似而非者：恶莠，恐其乱苗也；恶佞，恐其乱义也；恶利口，恐其乱信也；恶郑声，恐其乱乐也；恶紫，恐其乱朱也；恶乡原，恐其乱德也。'君子反经而已矣。经正，则庶民兴；庶民与，斯无邪慝矣。"（原文录于《孟子七篇·卷七·尽心下·在陈章》）

【译文】

万章向孟子问道："孔子在陈国时，曾经叹道：'我为什么不回乡去呢？我那些狂放的乡党学子是那样志向远大，积极进取而又不忘本。'孔子既在陈国，为什么又想起鲁国那些乡党狂人呢？"

孟子说："孔子曾说：'找不到不偏不倚能行中道的人相交往，因此只能靠那些狂者、狷者来推行我的中道了。因为狂者志向高大，勇于进取；狷者则操守坚定能对不善的事有所不为。'二者虽都不行中道，但孔子没有别的选择。他岂是不想坚持中道啊？而是他找不到这样的人，不得已，只能退而求其次，靠狂狷者来传播继承他的中道了。"

万章又问道："敢问怎样的人可以称为狂者呢？"

孟子说："如琴张、曾皙、牧皮这样的人，就是孔子所说的狂人。"

万章问道："为什么说他们狂呢？"

孟子答道："他们志向远大，动辄说：'古人啊！古人啊！'然而评考他们的实践，却遮掩不住其行是不符其志其言的。但这种人至少志向、主张还是与圣人相同的。如果连这等人也得不到，就想得到那些对污恶不屑不齿且坚守自身操行的人，也就是那些狷者，与之相交往，这是又退而求其次了。孔子说：'从我家门前走过而不入我家来看我，但我并不以为恨的人，只有那些乡原啊！我根本不愿意见到这种人，因为乡原总是有害道德的。'"

万章问道："那什么样的人可以称为'乡原'呢？"

孟子答道："有一种人，讥笑那些狂者何必成天'嘐嘐'呢。好像志向很高大，但说的和做的不相符合，还嘲笑那些狷者总是说'古人如何，古人如何'，不明白他们为什么总是那么清高孤僻独行，弄得自己凄凄凉凉，人不见亲。人生一世，也就为这一世，能做到人以为善就罢了。因此，这种人总是深藏不露本心，而是虚伪地取悦于世人，这就是乡原的意思了。"

万章又问道："这种人一乡的人都说他好，走到哪里人们都说他厚道敬人，而孔子却认为这是败坏道德的人，这是为什么呢？"

孟子答道："这种人你挑他的不是之处，也找不到什么可以厚非的；你要讽刺他，也没什么错处可以讽刺他的。他总是一味地迎合俗流，与现实中不好的东西同流合污，却装出居心很像忠厚诚实、行为很像廉洁的样子，让大家都很喜欢他。这种人虽自以为是，却无法与他同入尧、舜所行之道，因此称他为'有害道德'的人。孔子曾经说过：'我最讨厌那些似是而非、表里不一的人：我讨厌那些像谷苗的莠草，怕它们混在谷苗中，有害于谷苗的生长；我讨厌奸佞之人，怕他们假行仁义而败坏了仁义；我讨厌那种快嘴多舌、花说柳说之人，怕他们言行不符、表里不一而败坏了诚信；我讨厌郑国的乐声，怕它那曲调败坏了礼乐；我讨厌那浑浊的紫色，怕它以似红非红的色相，败坏了红色纯正的光彩；而我之所以讨厌乡原，则是因为这种人假仁假义，只是在表面上讨好众人，而背地里却无所不为，我很怕这种人以假面目来败坏道德啊！'其实，做一个正人君子并不难，一切返回善良仁德的起点去行事罢了。只要道正，仁善就自然会在百姓中兴起；只要众人都奉行善良仁义之道德，归依正道，那么乡原这种邪恶的人也就无处藏身了。'"

【注解】

本章主要论述乡原之恶。孔子因自己的中庸主张得不到实行，便想退而求其次，想在乡党中找那些虽然知进取、有大志，但言过其实的狂者，虽然保守些，但能坚守古道操守的狷者这两种人来传授其道。孔子一生悲叹其道之不行，在于人们要么做得"过"了，偏激，要么就是"不及"，做得不到位。但面对现实，他又不得不退而求其次，想要靠这两种人来承续他的学说治道。而孟子则大肆攻击乡党中的"乡原"——虚伪的表面"老好人"，处处迎合媚俗、同流合污以取悦于人，背地里却败坏道德的人。

朱子引尹氏之言注此章：尹氏曰"君子取夫狂狷者，盖以狂者志大而可与进道；狷者有所不为，而可与有为也。所恶于乡原，而欲痛绝之者，为其似是而非，惑人之深也。绝之之术无他焉，亦曰反经而已矣"。

"吾党"，我的乡党义。"党"，古代的一种地方行政组织，五百家为一党，五党为一州，五州为一乡。这是周制。但各代的制度有所不同。汉制是五家为一邻，五邻为一里，十里为一亭，十亭为一乡。而四里为一族，五族为一党。"狂简"，朱子注："狂简，谓志大而略于事。""进取"，朱子注："进取，谓求望高远。""不忘其初"，朱子注："谓不能改其旧也。此语与《论语》小异。""乡原"，"原"字为忠厚敬人者。"乡原"也称"乡愿"，指乡里中那种到处讨好人，而不论是非，表里不一，貌似恭谨而实但与恶风流俗同流合污的人。孔子与孟子都把这种人称为"德之贼"。"乡"，指同乡之人。"乡"也是我国历史悠久的基层行政单位。周制为一万二千五百家为一乡；汉制则是十里为一亭，十亭为一乡。唐宋后，乡成为县以下的行政单位。但科举中的"乡试"是指省试，把一省的会考称为"乡试"，却大于县试。因此，又多以省为一乡之称谓，一省之人至今仍称为"同乡"。"嘤嘍", 说大话。"夷考其行", 评考他的实际行为。"夷", 朱子注"平也"。"掩", 朱子注: "覆也。""不屑不洁", 对于那些不干净、不清廉的, 不屑一顾, 不肯同流合污, 而非本身不洁。"踽踽凉凉", 朱子注: "踽踽, 独行不进之貌。凉凉, 薄也, 不见亲厚于人也。""恶", 讨厌、憎恨。"莠", 很像谷苗的草。"郑声", 同时代的人都认为郑国的乐曲是淫滥之音。"反经", 回到常道上来。朱子注: "经, 常也, 万世不易之常道也。""兴", 朱子注: "兴, 兴起于善也。""邪慝 (tè)", 朱子注: "如乡原之属是也。"

【曾国藩卷尾按语】朱子编次此卷, 即《近思录》末卷论圣贤气象之意。盖学道而独得于心, 无与晤语, 则尚友古人, 以发其志趣。若孔子见文于琴、遇姬于梦, 及《论语·微子篇》中所论列是也。其后, 如庄周、荀卿、扬雄、王通之书, 亦往往抗论古人, 评骘当世。《孟子》七篇, 尤数数称述先民。朱子此卷采录凡十二章, 予尝以类求之, 有不尽于此卷者。如诵诗读书, 知人论世一章, 似可冠诸引卷之首。尧舜汤文见知闻知一章, 似可殿于此卷之末。而朱子俱不甄录。《要略》一书, 久已佚亡。其注文不可考矣! 而吾友刘君搜得此书, 又不及补罅显幽, 逐章而为之说, 遂使末学窥仰无自, 徒兴孤陋之叹也。悲夫!

原书后序二则

朱子年六十三时，成《孟子要略》，其书今佚。

幸此书（《孟子集注考证》）注中具载某章，入几卷之几，他日病愈，当依次编成，以复朱子之旧。

戊申七月刘传莹题金氏《孟子集注考证》后

朱子所编《孟子要略》一书，原本久佚，传莹谨于金仁山先生《孟子集注考证》内搜出，得复此书之旧。至是书颠末详见《语类·自著书门》《文集·答黄直卿书》。

戊申七月之季·汉阳通麕生①传莹识

---

① 通麕生：刘传莹的自号。

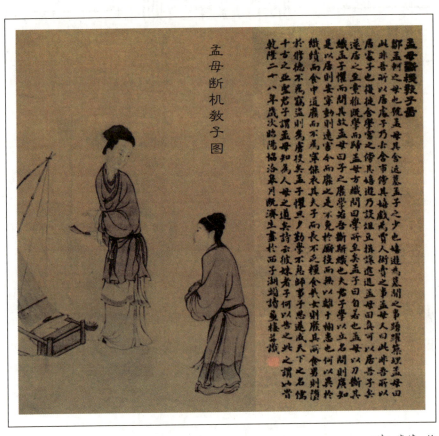

[清]康涛 绘

孟母断机教子图（局部）

【附录一】

孟子论君道、人道

【编者按】此章为编者辑《孟子》全文中"要略"所未辑选部分的论为官、做人之道的章句，以为之补续。正文括号内均为编者加注，或简译、解、释。一些段落前的铺垫部分，也是为了阅读简便，均为编者依据《孟子》原书中的内容整理。段尾短语为编者所加简略读评或注译而附俪。其中，有释义的，也有抒己之疑之见的，读者自会识之。谨按之于前，以免其误于后。

一、始作俑者，其无后乎

孟子回答梁惠王说：用刀与杖杀人，没什么不同；刀、杖杀人与因暴政而饿死人，没什么不同；暴政饿死人与禽兽食人，也没什么不同。因此，"仲尼曰：'始作俑（陪葬的木偶人）者，其无后（子孙）乎？'为其象人而用之也。如之何其使斯民饥而死也"。（**按：**民生思想是孟子王道学说的基本思想，也是他一生游说诸侯、与人辩争的主题词。）

二、民安乐而嫌国小，苦牢阱而嫌其大

齐宣王问孟子："当初周文王的领地有七十里，人民认为太小了。而齐国现在的领地不过四十里，可是为什么人民却认为太大了呢？"孟子说："文王之囿方七十里，刍荛者往焉，雉兔者往焉，与民同之。民以为小，不亦宜乎？臣始至于（齐）境，问国之大禁，然后敢入。臣闻郊关之内有囿方四十里，杀其麋鹿者如杀人之罪，则是方四十里为阱于国中，民以为大，不亦宜乎？"（**按**：周文王有七十里领土，人民嫌小，因为这里可以安居乐业；而齐国只有四十里，人民且嫌其大，因为这里像陷阱一样，民不如兽，而兽命大于人命，所以人民嫌其大。）

三、仁者为能以大事小，智者为能以小事大

齐宣王问曰："交邻国有道乎？"

孟子对曰："有。惟仁者为能以大事小。"

"惟智者为能以小事大。"

"以大事小者，乐天者也。以小事大者，畏天者也。乐天者保天下，畏天者保其国。"

四、人在得不到满足时，便会非议上司

孟子对齐宣王说："人不得，则非其上矣。不得而非其上者，非也。为民上而不与民同乐者，亦非也。乐民之乐者，民

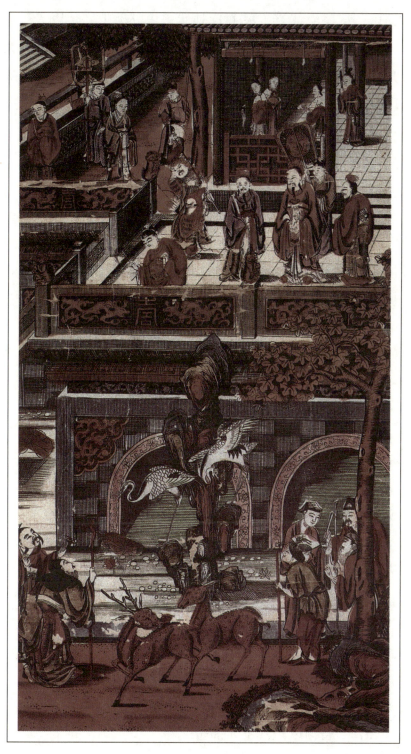

周文王灵台与民同乐图

亦乐其乐；忧民之忧者，民亦忧其忧。乐以天下，忧以天下，然而不王者，未之有也。"（**按**：为官者当善与民同，则必先善度民心；亦当善与民不同。官自有官道，民自有民心。官道、民心无非皆一"好"字。）

五、责在己：王顾左右而言他

孟子谓齐宣王曰："王之臣有托其妻子于其友而之楚游者。比其反也，则冻馁其妻子。"

王曰："弃之。"

（孟子）曰："士师不能治士，则如之何？"王曰："已之。"

（孟子）曰："四境之内不治，则如之何？"王顾左右而言他。

（简译：孟子问："负朋友之托的人怎么办？"齐王说："丢掉他，不能再以他为友。"孟子问："当官的管不了他的下属怎么办？"齐王说："罢免他。"孟子问："一个国王治不好国家怎么办？"齐王左看右看，便把话头岔开去说别的了。）

六、所谓故国者因有旧臣在，
"国人皆曰"是为兼听

孟子谓齐宣王，曰："所谓故国者，非谓有乔木之谓也，有世（旧）臣之谓也。王无亲臣矣，昔者所进，今日不知其亡（去）也。"

王曰："吾何以识其不才而舍之？"

孝孙原谷喻父图

　　原谷的祖父老病交加，处于濒死状态。他的父亲要他一起用担架把他的祖父抬到野地里。可是原谷却把担架拿了回来，他的父亲问他这是干什么，原谷回答道：留着等你老了那天，我好和我的儿子用它来把您也这样处理。他的父亲听了，十分愧疚，便和儿子一起把老父抬回了家。

曰："国君进贤，如不得已，将使卑逾尊、疏逾戚，可不慎与？左右皆曰贤，未可也。诸大夫皆曰贤，未可也。国人皆曰贤，然后察之；见贤焉，然后用之。左右皆曰不可，勿听。诸大夫皆曰不可，勿听。国人皆曰不可，然后察之。见不可焉，然后去之。左右皆曰可杀，勿听。诸大夫皆曰可杀，勿听。国人皆曰可杀，然后察之；见可杀焉，然后杀之。故曰国人杀之也。如此，然后可以为民父母。"（**按**：因有故臣方称"故国"，因有故人方称"故乡"。孟子前说"以大事小"是为兼容，此言"国人皆曰"是为兼听。王者之道无非一个"兼"字推而广之，扩而充之。而"独"字则为官之大忌、众忌。）

七、古人有过则改，今人有过则巧为饰辞

孟子曰："古之君子，过则改之；今之君子，过则顺之。""今之君子，岂徒顺之？又从为之辞。"（**按**：辞者，文过饰非之词，但只有知道自己错了的人才永远是对的。而列宁则说，人从什么时候知道改正自己，就是走向伟大的开始。）

八、世代为官者称"贱丈夫"；"垄断"一词竟出自孟子，且为征税始

孟子曰："季孙曰：'异哉！子叔疑（人名）！使己为政，不用，则亦已矣，又使其子弟为卿。人亦孰不欲富贵？而独于富贵之中，有私龙断焉。'"（这和市场上那种想把利都垄断在自己手中的商人有什么两样呢？）"有贱丈夫焉，必求龙断（山冈绝高而断处）而登之，以左右望而罔（一网尽之）市利。人皆以为贱。故从而征之。征商（收

税）自此贱丈夫始矣。"

九、官德如风而民德如草，己身行而人从之

　　滕定公去世后，继位的滕文公派然友（人名）赴邹县，向孟子询问为其父服孝的事。孟子曰："三年之丧，齐疏之服（毛边布衣），　粥之食，自天子达于庶人，三代共之。"可是滕文公的家族与朝臣都不愿守这么长久的苦孝，而且讲今比古地来反对。滕文公便又派然友赴邹县向孟子请教该怎么办。孟子说："虽然如此，但这事不能听别人的。孔子讲过，国君去世，世子应该把一切政事交给首相去办，自己只管穿孝服、吃稀饭，守在灵位前哭泣悲哀。这样一来，文武百官谁还敢不照样子做呢？谁也不肯落后啊！这就是'上有好者，下必有甚焉者矣。君子之德，风也；小人之德，草也。草尚之风，必偃。是在世子'。"使者然友把孟子的话讲给滕文公听，滕文公照办，果然一切如孟子所言。而且大家都开始称赞起他来。

十、为富不仁，为仁不富；官治野人，野人养官

　　孟子曰："阳虎曰：'为富不仁矣，为仁不富矣。'""无君子（官），莫治野人（民）；无野人，莫养君子。"（**按**：如此则居于仁、富之间，处于官、民之间可也。）

十一、圣人忧民者不以亲耕，
　　　而劳心劳力者天下通义

　　有为神农之言（假借神农之名教人）者许行（楚人许子

的名），自楚之滕，踵门而告文公曰："远方之人，闻君行仁政，愿受一廛（房屋）而为氓（来滕做百姓）。"文公与之处（住处）。其徒数十人，皆衣褐、捆屦、织席以为食。

陈良（楚儒）之徒陈相与其弟辛，负耒耜而自宋之滕，曰："闻君行圣人之政，是亦圣人也，愿为圣人氓。"

陈相见许行而大悦，尽弃其（原来所）学而学（许的学说）焉。

陈相见孟子，道许行之言曰："滕君则诚贤君也，虽然，未闻道也。（圣人之道认为真正的）贤者（官）与民并耕而食，饔飧（早餐、晚饭自己做）而（后）治（政）。今也滕有仓廪府库，则是厉民（苦了百姓）而以自养（供养）也，恶（怎称）得贤？"

孟子（问）曰："许子必种粟而后食乎？"

（答）曰："然。"

（问）"许子必织布而后衣乎？"

（答）曰："否。许子衣褐。"

（问）"许子冠乎？"

（答）曰："冠。"

（问）"奚冠？（戴什么帽子？）"

（答）曰："冠素。"

（问）曰："自织之与？"

（答）曰："否。以粟易之。"

（问）曰："许子奚为不自织？"

（答）曰："害（妨碍）于耕。"

（孟子又问徐子："做饭用的陶具、耕地用的铁器，为什么不去亲自陶冶自制自用呢？"）

（答）曰："百工之事固不可耕且为也。"

270

（孟子说）"然则治天下独可耕且为与？有大人之事，有小人之事。且一人之身，而百工之所为备，如必自为而后用之，是率天下而路也。故曰：或劳心，或劳力；劳心者治人，劳力者治于人；治于人者食（供养）人，治人者食于人。天下之通义也。""尧、舜之治天下，岂无所用其心哉？亦不用于耕耳。""禹八年于外（治水），三过其门而不入，虽欲耕，得乎？""放勋（唐尧的号）曰：'劳之来之，匡之直之，辅之翼之，使自得之，又从而振德之。'（对于百姓中品行优秀的就奖励他、宣传他；不好的便去匡正他，扶直他；对于怠惰的，便去劝教他鼓励他，让他自有所得。从而振兴道德。）圣人之忧民如此，而暇耕乎？"（**按**：诸葛亮为丞相，事必躬亲，酷暑校字阅文，属下劝之以"犬守夜、鸡司晨、牛负重、马致远"之言，令其"恸哭杨颙为一言"。曹操身为丞相去打剑，人劝之职有所司。他则说："我既不误丞相的事，又可以打剑，有什么不好的呢？"）

十二、以天下与人易，为天下得人难

孟子曰："分人以财谓之惠，教人以善谓之忠，为天下得人者谓之仁。是故以天下与人易，为天下得人难。"（**按**：天下永远人才济济，难在能者难以为用得用，庸者得用而无能。而官人又多意气逞志，"望天低吴楚，眼空无物"而独自伤叹乏才。）

十三、升官不由其道者称贱，
与钻穴爬墙私奔者无异

孟子曰："父母之心人皆有之。（婚嫁事如果）不待父母之命、媒妁之言，钻穴隙相窥，逾墙相从，则父母国人皆贱之。古之人未尝不欲仕也，又恶不由其道。不由其道而往者，与钻穴隙之类也。"（孟子称此类为"穿逾"之徒。）

十四、合于道，天下可受；非其道，箪食为过

孟子对他的学生彭更曰："非其道，则一箪食不可受于人；如其道，则舜受尧之天下不以为泰（过分）。子以为泰乎？"（**按**：胜者王侯败者贼，世以成败论英雄。是以天下之贼有英雄气者仍难脱贼党，英雄有贼性者亦不出英雄之列，所以世有英雄气短，长歌当哭叹息者。而道何在，天何明？也许正为此而令孟子毕生弘道扬善，倡仁义而张天命吧！）

十五、强为谄笑，仰人颜色者，自苦而人贱，却不可失度人、悦人之心

孟子对他的学生公孙丑说："曾子曰：'胁肩（对人耸背弯腰）谄笑，病于夏畦。'（比炎热的夏天在田里干活还难受）子路曰：'未同而言，观其色赧赧然，非由之所知也。'（与不投缘的人说话，还要看他的脸色。那种不自在的滋味，真不是我子路所能知道的）由是观之，则君子之所养（平日里如何修养、自处）可知已矣。"（**按**：不望天色而行止之人，必遭泥途而无宿投，尽受风雨饥寒之苦；不望人色而言行者，必处处受阻而无顺遂之处之事可称。孟子也劝人善度他人之心、推恩及人方能运天下于掌中。谄媚事人自为贱者，自不可为，但不可失度人、悦人之心。）

曹庄磨刀劝妻孝母图

单衣顺母图

邓伯道弃子留侄图

黄香扇枕孝父图

汉代戏鹿画像砖

十六、身为家本，家为国本，方有天下国家

孟子曰："人有恒（常）言，皆曰：'天下国家。'天下之本在国，国之本在家，家之本在身。"（**按**：政达于治无非三端：人身正、家和富、国强大。）

十七、既无以号令他人，又不接受指挥者，绝路

孟子曰："顺天者存，逆天者亡。齐景公曰：'既不能令，又不受命，是绝物也。'"（**按**：人之一生无二选择，要么去指挥他人，要么服从他人。而西方的学者则认为，世上所有人，没有不受制于他人、他事、他物之处。强按牛头可以不喝水，但你总不喝水就会渴死，而要喝水就必得有低头之处。而只有强大充实者知低头，有如谷、莠之别。）

十八、水就下，兽走旷；而人心归于仁，动于诚

孟子曰："民之归仁也，犹水之就下、兽之走圹也。故为渊驱鱼者，獭也；为丛驱爵者，鹯也；为汤武驱民者，桀与纣也。今天下之君有好仁者，则诸侯皆为之驱矣，虽欲无王，不可得矣。"（**按**：为渊驱鱼者，是水獭的行为；为丛驱雀者，是鹯鹰的行为。孟子此语无异于说驱人为敌的不是人。只有那些以仁义待人者，人才甘为其驱使，想不成功都不可能。）

孟子曰："是故诚者，天之道也；思诚者，人之道也。至诚而不动者，未之有也；不诚，未有能动者也。"（**按**：为诚所动者似已是遥远的事了，如今为利所动者如蜂拥蚁聚。有

道是利欲熏心啊，比动心还厉害。也是人的本能使然吧。平民为生存而计自无可厚非，而越肥越想吃肥肉的人，也只能任其肥掉了。）

十九、人可以眸子辨正邪，却不可以音容断恭俭

孟子曰："存乎人者，莫良于眸子。眸子不能掩其恶。胸中正，则眸子瞭焉；胸中不正，则眸子眊焉。听其言也，观其眸子，人焉廋（逃掉）哉？"（**按**：言为心声，目为心表。因此只要听他口中所说的，看他眼神所流露的，那他心里想的，他的为人就逃不掉别人的判断。）

孟子曰："恭者不侮人，俭者不夺人。侮夺人之君，惟恐不顺焉，恶得为恭俭？恭俭岂可以声音笑貌为哉？"（**按**：声音、脸色、表情都是可以伪装的，因此不可以音容断人之良恶。）

二十、嫂溺可援之以手，天下溺须援之以道

淳于髡（齐国的辩者）对孟子曰："男女授受不亲，礼与？"

孟子曰："礼也。"

曰："嫂溺，则援之以手乎？"

曰："嫂溺不援，是豺狼也。男女授受不亲，礼也。嫂溺，援之以手者，权（衡利弊而变）也。"

曰："今天下溺矣，夫子之不援，何也？"

曰："天下溺，援之以道；嫂溺，援之以手。——子欲手援天下乎？"

二十一、天下人为何"易子而教"

公孙丑（孟子的学生）曰："君子之不教子，何也？"

孟子曰："势不行也。教者必以正，以正不行，继之以怒。继之以怒，则反夷矣。'夫子教我以正，夫子未出于正也。'则是父子相夷也。父子相夷，则恶矣。古者易子而教之，父子之间不责善。责善（以善责备人）则离，离则不祥莫大焉。"（**按**：与他人相处当依理而行，与亲者处当以情而行。否则必遭其反动。正如时人言：和老婆讲理就是不想过了。）

二十二、轻言者短炼，好为人师者余患

孟子曰："有不虞之誉，有求全之毁。"（**按**：对想不到的美誉，别当真的；对求全的责备挑剔，也没必要放在心上，一笑了之，能则改之。）

孟子曰："人之易（不慎重）其言也，无责（没因此受过责备）耳矣。"（人不负责任地随便讲话，是因为没有受过其害。）

孟子曰："人之患在好为人师。"（**按**：教者为师，师者，人之尊者、严者、表者。但天下人没有愿意听别人教训的。而好为人师，人则反动之；且人则反以其言而量之、非之。）

二十三、小恩小惠者不知为政之道

子产听郑国之政，以其乘舆济（渡）人于溱、洧（二河）。孟子曰："惠（小恩小惠）而不知为政。"（何不在

后羿射日图（[清]萧云从 绘）

羿射河伯图

汉画像砖

嫦娥奔月图

农闲时修路、造桥呢？）"君子平其政，行辟人可也，焉得人人而济之？故为政者，每人而悦之，日亦不足矣。"

（按：一国之首相以自己的车马渡百姓过河，自不失为一种仁心所致，当扬其善，何责其如此之严？忧海水少，不可以泪益之，自是道理之所在，但"泪之"总强似麻木者之麻木吧！政之道在治者之仁心所系，人无仁心，何来仁政？焉知子产后来不在此河架桥济渡？然而，为政自是以小见大，知小而兴大，以大而济小，方为政治之善者。）

二十四、君视臣如土芥，臣视君必如仇

孟子告齐宣王曰："君之视臣如手足，则臣视君如腹心；君之视臣如犬马，则臣视君如国人；君之视臣如土芥，则臣视君如寇雠。"（按：中国人讲投挑报李涌泉报滴的感恩回报；而西方人则注重个人发展的欲求，人人都想出类拔萃，人人都要显得重要。二者所言都是人性根本所在，不可忽略其一。）

二十五、说人坏话，必有后患；
博学以详，反约以专

孟子曰："言人之不善，当如后患何？"

孟子曰："大人者，言不必信，行不必果，惟义所在。"

（按：马基雅维利的鼻祖之言。虽"信、果"二字会讨取代价，但为官者不可轻言诺、开空头支票。）

孟子曰："博学而详说之，将以反说约（专）也。"

（按：治学须博学而不可肤浅，然后才能得其要点，由博而

成其专。)

二十六、君子当重本源，而耻于牵系浮名

徐子问孟子说："仲尼亟称于水，曰：'水哉，水哉！'何取（取法）于水也？"

孟子曰："源泉混混，不舍昼夜，盈科（充满自身）而后进，放乎四海。有本者如是，是之取尔。苟为无本，七八月之间雨集，沟浍皆盈，其涸也，可立而待也。故声（名）闻过情（实），君子耻之。"（**按**：人生多为浮名而牵系奔走，岂不知无源泉之水不可远流，无本之雨不可长存。）

二十七、无缘亲师，尚可私淑；
教不得人，咎由自取

孟子曰："君子（官）之泽五世而斩，小人（民）之泽五世而斩。予未得为孔子徒也，予私淑（自学）诸人也。"（如曾国藩于孟子。）

逢蒙学射于羿，尽羿之道，思天下惟羿为愈己，于是杀羿。孟子曰："是亦羿有罪焉。"

公明仪曰："宜若无罪焉。"

曰："薄乎云尔（只是轻一点而已），恶得无罪？郑人使子濯孺子侵卫，卫使庾公之斯追之。子濯孺子曰：'今日我疾（病）作，不可以执弓，吾死矣夫！'问其仆曰：'追我者谁也？'其仆曰：'庾公之斯也。'曰：'吾生矣。'其仆曰：'庾公之斯，卫之善射者也，夫子曰吾生，何谓也？'曰：'庾公之斯学射于尹公之他，尹公之他学射于我。夫尹公

之他，端人也，其取友必端矣。'庾公之斯至，曰：'夫子何为不执弓？'曰：'今日我疾作，不可以执弓。'曰：'小人学射于尹公之他？尹公之他学射于夫子。我不忍以夫子之道反害夫子。虽然，今日之事，君事也，我不敢废。'抽矢，叩轮去其金（箭头），发乘矢（四支箭）而后反。"（**按：如此观之，羿之过在教非其人。而官场、职场之上则多逢蒙而少庾公，并非天下人皆如此，而在用非其人。**）

二十八、西施不洁，人皆掩鼻恶人沐浴，可祀上帝

孟子曰："西子（施）蒙不洁，人皆掩鼻而过之。虽有恶人，齐戒沐浴则可以祀上帝。"（**按：善人有不善之处，常人都会讨厌；恶人肯去其污，上帝都可以接受。**）

二十九、智者行事忌其凿，大禹行水顺其性

孟子曰："天下之言性（物性之理）也，则故而已矣（从以往事物中格求），故者以利（顺其自然）为本。所恶（忌厌）于智者为其凿（"凿死卯子"，人谋有违自然）也，如智者若禹之行水也，则无恶于智矣。禹之行水也，行其所无事（顺其性）也，如智者亦行其所无事，则智亦大矣。天之高也，星辰之远也，苟求其故，千岁之日至，可坐而致也（就是一千年以上的"日至"节，即冬至，也可以坐在那里推算出来）。"

鲧、禹父子治水图

三十、世称不孝有五，而父子不可以善相责

孟子曰："世俗所谓不孝者五：惰其四支，不顾父母之养，一不孝也；博弈好饮酒，不顾父母之养，二不孝也；好货财，私妻子，不顾父母之养，三不孝也；从耳目之欲，以为父母之戮，四不孝也；好勇斗很，以危父母，五不孝也。"（**按**：树欲静而风不止，子欲养而亲不待。天下事只有不孝父母之事为无可补之终身大憾，所谓追悔莫及者无过于此。亲养子日增一日，子奉亲日减一日，为人子者当明此理，自少憾恨于人间。）

孟子曰："责善，朋友之道也；父子责善，贼（害）恩之大者。"（**按**：天下无不是的父母，子不言父过，女不言母奸。天下之情万种，无有重于亲子之情；人世之恩百端，无有过于养抚之恩者。亲子之间自当以"情、恩"二字相维系。为父母者务须待子以慈，虽有"严父"之称，亦不可失其慈爱之心。否则必成反动。而为人子须以孝为先，此乃千古不易之亲子纲纪。）

三十一、求官求富于非道者，多有令妻子相泣而羞之事

齐国有户一妻一妾住在一起的人家，丈夫每次出去必定吃饱喝足才回来。妻子问他在哪里吃的，他每次都说是大富大贵的人请他吃的。后来，妻子生疑而跟踪，才发现原来他是到东门外的坟地里讨要人家祭祀的剩品而食。妻子回来后与妾说过，两个人相对而泣。可是他回到家时还以为妻妾不

孟宗哭竹孝行图

王祥卧冰求鱼图

土祥求鱼李雀孝母图

董永卖身葬父遇七仙女

郭巨埋儿孝母图

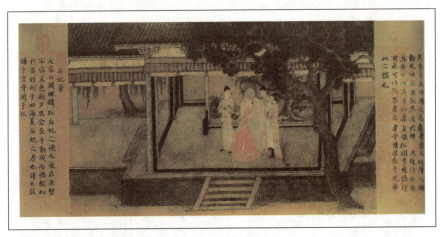

唐宋人　绘

女孝经图

老莱子娱亲图

墓室壁画

图左：韩伯余孝行图
图右：孝子郭巨埋儿掘地得金图

知道，仍旧装出一副很骄傲的样子。为此，孟子说道："由君子观之，则人之所以求富贵利达者，其妻妾不羞也而不相泣者，几希矣！"（**按**：相泣为小，而相吊为惨。天下人大追求于名利、富贵、显要而不知止不择手段者，可引为大诫而鉴。）

三十二、不可为而成者，天数；不可达而至者，命定

孟子曰："天不言，以行与事示之而已矣。"《泰誓》曰：'天视自我民视，天听自我民听。'此之谓也。""莫之为而为者，天也；莫之致而至者，命也。"（**按**：人心即天，自为即命，偶然之机、之际即为数。）

三十三、读古人书之四境界

孟子谓万章曰："以友天下之善士为未足，又尚论古之人。颂其诗，读其书，不知其人，可乎？是以论其世也。是尚友也。"（**按**：知其书为一境，知其人为二境，知其世为三境，知其理而正于身导于行则为最高之境界。）

三十四、大匠教人以规矩，学者受其以力行

孟子曰："羿之教人射，必志于彀（把弓拉满）；学者亦必志于彀（音够，努力强弓义）。大匠诲人，必以规矩；学者亦必以规矩。"

三十五、钩金轻于车羽仍为金

孟子曰："不揣其本而齐其末，方寸之木可使高于岑楼。金重于羽者，岂谓一钩金与一舆羽之谓哉？"（**按**：人之轻重当以本而衡之，而不可以一时一事较高低。这就如同把树梢剪来置于楼顶并不能说明树比楼高，一点金子虽没有一车羽毛重，但并不因此而改变金重于羽的本性。）

三十六、好人虽不同，而一好何必求同

孟子曰："居下位，不以贤事不肖者，伯夷也；五就汤，五就桀者，伊尹也；不恶污君，不辞小官者，柳下惠也。三子者不同道，其趋一也。一者何也？曰：仁也。君子亦仁而已矣，何必同？"

三十七、为官之道有"三就三去"

陈子（问孟子）曰："古之君子何如则仕？"

孟子曰："所就三，所去三。迎之致敬以有礼，言将行其言也，则就之；礼貌未衰，言弗行也，则去之。其次，虽未行其言也，迎之致敬以有礼，则就之；礼貌衰，则去之。其下，朝不食，夕不食，饥饿不能出门户，君闻之曰：'吾大者不能行其道，又不能从其言也，使饥饿于我土地，吾耻之。'周（济）之，亦可受也，免死（维持生存）而已矣。（而不可多受无功之禄。）"（**按**：情在，仍可留；无视，则去之。）

三十八、人不以不如人为耻，
就没有什么能如人的了

孟子曰："耻之于人大矣，为机变之巧者，无所用耻焉。不耻不若人，何若人有？"

三十九、得志加泽于民，不得意修身于世

孟子曰："故士穷不失义，达不离道。穷不失义，故士得己焉；达不离道，故民不失望焉。古之人，得志，泽加于民；不得志，修身见于世。穷则独善其身，达则兼善天下。"

四十、高明者不使人知其利害为谁所主

孟子曰："以佚道使民，虽劳不怨。以生道杀民，虽死不怨杀者。""杀之而不怨，利（失其利）之而不庸（不居功）。民日迁善而不知为之者。"

四十一、善政以养民生，善教以育民心

孟子曰："仁言不如仁声（政）之入人深也，善政不如善教（法律教化）之得民也。善政民畏之，善教民爱之。善政得民财（民得丰足），善教得民心。"

四十二、虽野居，得他人之善于心者必异于野人

孟子曰："舜之居深山之中，与木石居，与鹿豕游。其所以异于深山之野人者几希（很少）。及其（舜）闻一善言，见一善行，若决江河，沛然莫之能御（阻止）也。"

四十三、观于海者难为水，游圣人门难为言

孟子曰："孔子登东山而小鲁，登泰山而小天下。故观于海者难为水，游于圣人之门者难为言。观水有术，必观其澜。日月有明，容光必照焉。流水之为物也，不盈科（自实其身）不行；君子之志于道也，不成章（体统规则）不达（入圣之境）。"

四十四、执一而废百者，为贼道；执中不知权变，犹为执一

孟子曰："杨子取为我，拔一毛而利天下，不为也。墨子兼爱，摩顶放踵利天下，为之。子莫（鲁国贤人名）执中，执中为近（情理）之。执中无权（权衡变通），犹执一（片面）也。所恶执一（偏激）者，为其贼（害正）道也，举一（面）而废百（端）也。"

四十五、官场非直道事人之所

孟子曰："柳下惠不以三公易（更改）其介（耿直）。"
（柳下惠："直道而事人，焉往而不三黜？"）

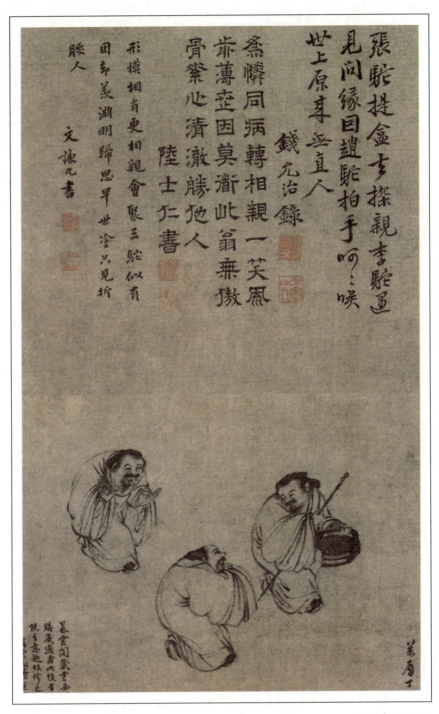

張駝提盒去探親李駝遇
見問緣目趙駝拍手呵之嘆
世上原亨無直人
　　　　　錢元治錄

翛憐同病轉相親一笑焉
巋薄空因莫訾此翁無傲
骨鑿心清澈勝他人
　　　　陸士仁書

形摸相肖更相親會聚三駝似有
曰不羡淵明歸思早世塗只見折
腰人
　　　文諫九書

[明]李士达　绘

三驼图（局部）

四十六、待下属如豕交、兽畜者的上司可弃之

孟子曰：国君对待贤者如果"食而弗爱，豕交（如人喂猪）之也；爱而不敬，兽畜（如养宠物）之也。"（**按**：还有一种是只知役使驱赶，而不加草料、不问疾苦死活者，是不如待牛马者。）

四十七、君子可教人者五

孟子曰："君子之所以教者五：有如时雨化之者，有成德者，有达才者，有答问者，有私淑（自学其著述）艾者。此五者，君子之所以教也。"

四十八、大匠不为拙工改绳墨

公孙丑曰："道则高矣，美矣，宜若登天然，似不可及也。何不使彼为可几及而日孳孳也？"

孟子曰："大匠不为拙工改废绳墨，羿不为拙射变其彀率（学射的法则）。君子引而不发，跃如也。中道而立，能者从之。"（**按**：然如此而行，千里马领一群跛驴，必为千里独行侠了。）

四十九、智者以当务、急务为先务，仁者以其爱及其所不爱

孟子曰："知者无不知也，当务之为急；仁者无不爱

也，急亲贤之为务。尧、舜之知而不遍物，急先务也；尧、舜之仁不遍爱人，急亲贤也。"那些弃大观小，重小轻大，不懂主次、轻重、缓急的人，"是之谓不知务"。（**按**：孟子称那些患一指之屈不如人，而不患心不如人者，为"不知类"，亦与"不知务"相类。）

孟子曰："仁者以其所爱及其所不爱，不仁者以其所不爱及其所爱。"（**按**：仁者推恩及人，不仁者则推恶及亲。）

五十、一书取二三策足矣，不可尽信

孟子曰："尽信《书》，则不如无《书》。吾与《武成》（《周书·武成篇》），取（采阅）二三策（条或页）而已矣。仁人（本来当）无敌于天下，以至仁（周武）伐至不仁（商纣），而何其血之流杵也？"（**按**：以此疑《周书》尽颂仁德之不可信处。孟子于人物多有褒贬两端处。也许是爱而见其恶吧。而其末句则尤为言之不当。）

五十一、匠师可授规矩，不能使人巧

孟子曰："梓、匠（木工）、轮、舆（造车匠）能与人规矩，不能使人巧。"（**按**：师父领进门，修行在个人。）

五十二、支配人不以道，不行于妻子

孟子曰："身不行道，不行于妻子；使人不以道，不能行于妻子。"（**按**：妻子讲情不讲理，路人讲理不讲情。）

五十三、重名者不惜放弃千乘之国，
好食者一食一羹喜形于色

孟子曰："好名之人能让千乘之国。苟非其人，箪食、豆羹见于色（面带笑容）。"（**按**：人为名来，亦为利往。求仁得仁，求葫芦得瓢，各得其所而已。弱水三千，各取一瓢饮。所谓"大千世界"，唯千方可成其大，岂可一而律之、求之？）

五十四、孟子讲出了世界上最古老的
"用进废退法则"

孟子谓高子曰："山径之蹊间，介然用之而成路。为间不用，则茅塞之矣。今茅塞子之心矣。"（**按**：山野之路有人用，便是路；没有人用，便会为茅草充塞，不再是路。孟子两千年前就知"用进废退法则"，比拉法克、达尔文先知多了。）

五十五、居官重珠宝者，殃必及身；
小才而无大道者早晚见杀

孟子曰："诸侯之宝三：土地、人民、政事。宝珠玉者，殃必及身。"（**按**：贪婪之心，人皆有之。且本是天生潜伏心底的陷阱机栝。见财物心动而不能制者，必沉沦受伤。而不动心者为罕见。人但知阱之深、箭之毒，则自能以此惧而制彼爱。而无知者则无所救，知而不惧、惧而不能制者则为自绝者。人生修心、治心是为第一要务。）

有一个孟子很熟悉的人叫盆成括，在齐国做了官，孟子

出具言善千里應之苟違斯義
同衾以疑

顾恺之《女史箴图》（局部）

出言不善夫妻相疑

[清]黄慎 绘

家累图

说："死矣，盆成括！"不久盆成括真的被杀掉了，门人便问老师是怎样预见到他被杀的。孟子说："其为人也小有才，未闻君子之大道也，则足以杀其躯而已矣。"（**按**：小才即"小聪明"。聪明反被聪明误者，多如是。真聪明、大聪明者，则有道是大智若愚。世人往往越不聪明的越要显聪明，而越是聪明的越是装傻。）

五十六、道统之炉：薪尽火传，何忧之有

孟子说：自古以来的道统相传，由尧、舜至孔子，已经历了几个五百年。而"由孔子而来，至于今，百有余岁。去圣人之世，若此其未远也；近圣人之居，若此其甚（由邹去鲁甚远）也。然而无有乎尔，则亦无有乎尔！"（**按**：现在已经没亲见圣人、亲闻圣道的人了，五百年后就更没有了。）

孔孟之前讲"道统"，孔孟之后讲"帝统"，非人心不古，而是时势有别。孟子的伤忧自有道理。但道理只要是道理，就不会灭绝的。孟子身后，沉寂了几百年，秦时焚书坑儒，而汉董仲舒倡罢黜百家而独尊儒术。自唐宋新儒学的兴起，孟子又登上了中国的思想文化殿堂，由程子、朱子底定了他"亚圣"的地位，列入官学，经明清而至今不泯。正所谓：薪不传火传；真金在，岂销铄？

老子像

孔子像

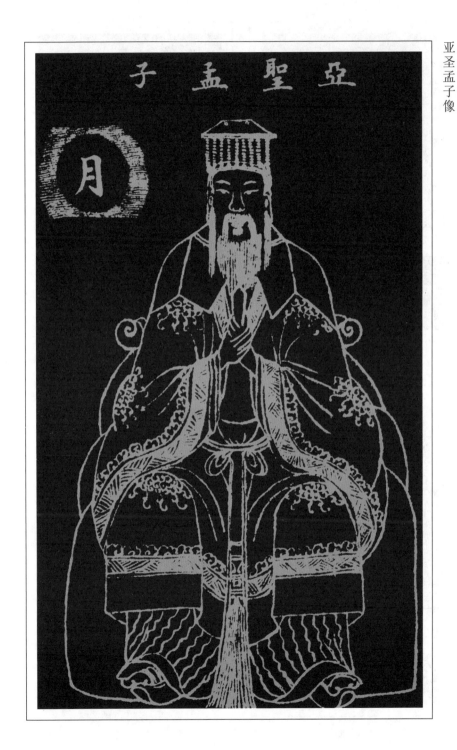

亚圣孟子像

亚圣孟子像

孔子像

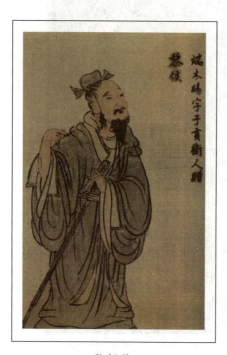

黎侯像

苏秦像

亚圣孟子像

罢黜百家独尊儒术的董仲舒图

为孟子及四书奠定官学位置的
朱熹著书图

大儒曾国藩像

儒学传人

【附录二】

刘传莹传略

刘传莹，字椒云，一称蕉云，自号为"通麋生"。1818年生于湖北汉阳，1848年9月18日病逝于汉阳，享年三十一岁。父刘正柏，母叶氏。刘传莹一生无子息，以兄长之子刘世圭为继嗣。刘传莹生前曾在朝中任国子监学正之职。

刘氏早年热衷于德清胡氏、太原闫氏之书，对这两家的著述"笃嗜若渴，治之三反"。后来又到各处游学，探讨当世大学者的学问源流。对于方舆之学、六书九数之学、古诗文论都很有研究与心得。但并不潜心于著述，只是将自己的心得、见解，杂记于各书之眉侧而已。而且极端偏爱对古籍秘本去校对纠错，为此常常是"朱墨并下，达旦不休"。也就是说，对所钩校之书，既用朱笔又用墨笔两色圈点、批注，常常是通宵达旦。由于他曾经致力于方舆之学，亲手用一尺大小的纸绘一省的地图，首先用墨勾出边界，细如牛毛，其次用圆圈代表县，用又牙图形代表州、府，而不用文字注明。早晨起来，用手指着那些符号说：这是某县，这是某府，在汉代是哪个郡国。绘一省图大约用三四日，然后绘另一省图，都照此进行。而且对于古字古文大有研究，又去探讨天文、推算，以至于"日夜欲求明彻"。最后归宗于儒学，而崇奉于程朱义理之学。终日研释经学，只尊儒学大旨而不苟风尚，因此不见显于世，而一切不以成书立说为目的，但求了然于心而已。由于他的身体本来就瘦弱，长久的勤苦治学损害了他的身体，再加之不久后丧妻，病渐重于京师。

刘传莹的命运是够悲凉的了。虽然才三十岁左右，但已有两个妻子先后去世，初为汤氏、继为陈氏，三房娶妇为邓氏。由于日夜沉溺于故纸堆中，弄垮了身体。再加之丧妻之痛，身心交瘁，心灰意冷。曾自叹道："我学这些东西到底是为了什么呢？何苦呢？弃父母、兄弟于不顾，而旁骛琐琐，读那么多无用的东西而空耗时光，不是应当很慎重地选择一下吗？"竟从此一改学风，专攻那些对自己有用处的学说。终归诸程朱理学，上法孔孟。随着病情加重，他便决心辞职回乡。

此时，刘传莹正在京中的国子监任学正之职，他既然已下决心辞职回乡，便把那点有数的官俸都积攒起来，给了他最后一位妻子邓氏之父。因为这位老泰山在他困苦之际资助过他"数千金"。同时，因为病重，辞官去职，返乡欲以"家居食力以为养"，所以更是视金如土了。他此举很受世人称赞。

临行前，刘对曾国藩说："没世之名不足以太认真地去看待，君子之学务本而已。我们两个却如此地局限于校刊书籍之中，每天费力于文字、学问之间，以中等才智而谋求兼人之业。如果偶得侥幸，那么或可于身后博得一点名声，但还不知道那是谁人呢？从现在开始，把以往的一切名心俗念都罢弃，各自修身养性。哪怕终生无闻于他人，也终不为悔。"而此时的曾国藩三十八岁，年长于刘七岁，虽已是二品京堂、内阁学士、礼部侍郎了，但也只能埋头于文字之间，无所作为，这一年正在忙着用桐城派姚氏之说，编他的《曾氏家训长编》，听了这位小学弟兼挚友的话后，也马上应允承诺，自是同一番感慨万端。

刘传莹在辞职回乡后，果然一切以孝顺父母、恭敬兄长为要，让族党为之欢欣不已。他还为他的家族规划家政。显然，他在整理孟子的书时，深受其天下万事，唯有事亲为大、为本的思想影响。这期间，曾国藩仍旧十分关心这位学人友人，互通音信，当他知道刘氏家中困难到"至食黑面疗饥"时，心中十分忧虑。这时他想起了刘传莹曾向他介绍过的一位小朋友洪琴西，此人是晚辈举人，在曾国藩为阅卷大臣时，考为汉学教习。此前曾国藩给他写了一封信，告诉他，刘计划于第二年春回汉阳，已和刘说好要他收洪琴西为门生，让他届时去汉阳拜师，以免久居偏远乡间耳目闭塞，孤学无助，徒然浪费心力。并称赞刘氏之治学"远师朱子，近法顾氏；以义理为归，而考之事实。不尚口辩，不驰声誉，并世辈流，殆罕其匹"。而此人所学都是"古人所皇皇"，是一个令他"日夜自忧不逮"之人。而且这次他回乡带了几十捆书籍，百家之言，无所不备，自可就之以学以读。

刘回乡后，洪便从沔阳赶到汉阳拜刘为师。曾国藩在接到洪的回信后，又给他写了一封信告诉他，刘在给他的信中说自己饮食日少，寒热时作，令曾国藩读此"心肝欲摧！仆自今年来，时时思忆椒云不止。故前有句云'夜夜梦魂何处绕，大湖南北两刘生。'（一为湖南刘蓉，另一为湖北刘传莹）精神自相往来，亦不自知其何以然也？伏望足下即日假馆渠家，日日而温劢之，事事而慰荐之；或于椒云之病不无少补。夫金石之契，青霞之想，可以起沉郁之痼，可以作飞动之兴，固非药饵所能拟其功"，"椒云疾如稍痊，即速以书告我。相思无已，言不得达，诸惟心照"。以此足见曾对刘的感情至诚至深。

可惜的是，大约此信后几个月的时间，刘便溘然长逝。临去世前，刘给曾国藩一封遗书，嘱其代刻《孟子要略》一书。这也是他一生留下来的唯一的一部钩沉整理的著述。再就是留下一个关门弟子洪琴西了。

那么，这位洪琴西又是何许人也？洪为湖北沔阳人。道光二十四年（1844年）举人，道光二十七年（1847年）考取"觉罗官汉学教习"，也就是清朝皇族学府的汉学老师。而曾国藩正是这次考试的阅卷大臣，因而是当然的恩师于洪琴西。洪琴西，名为汝奎，字莲舫，琴西是他的号。咸丰十年（1860年）任知县，次年入曾国藩府，总理粮台银钱所。后一级级升官至广东盐运使，因滥用刑狱而被撤职流放。也是正史有名人物，被称为"刘传莹之门生"。

在《曾国藩全集》中查不到曾与刘的书信往来，能见到的只有曾国藩向洪琴西推荐刘传莹的两封信，以及《送刘君椒云南归序》《国子监学正汉阳刘君墓志铭》《汉阳刘君家传》《孟子要略序跋》等文献，可略知刘传莹生平事略如上。特简括之以为其传略附于书后，以志后人之敬怀。感谢他在二百年后仍然能让后人读到孟子的这部要略。尽管为文之人多所不幸，但刘氏在地下有知，当多增一份隔世之慰藉吧。